Emprendiendo el camino del Zen

ROBERT AITKEN

KOLIMA
BOOKS

Título original: *Taking the path of Zen*
©1982 Diamond Sangha
North Point Press, a division of Farrar, Straus and Giroux

Título: *Emprendiendo el camino del Zen*
Autor: Robert Aitken
Traductora: Carmen Monske
Dirección editorial: Marta Prieto Asirón
Diseño y maquetación de cubierta: Patricia Fuentes
Maquetación: Carolina Hernández Alarcón

ISBN: 0-86549-080-4

Primera edición: Febrero 2016
Para la edición en castellano:
© 2016 Editorial Kolima, Madrid
www.editorialkolima.com

ISBN: 978-84-163644-9-7
Depósito legal: M-35169-2015
Impreso en España

A la memoria y a la presencia de
Yasutani Hakuun-shitsu Rodaishi

Índice

Prólogo a la edición española

Es una gran alegría para mí ver este libro tan básico para el entrenamiento del Zen editado en castellano, y le doy gracias por ello a la Editorial Kolima.

Durante siete años viajé a Hawai para profundizar de la mano de Aitken Roshi en el Zen. Le estoy muy agradecida por su enseñanza, su profundidad y su amistad.

He conocido sus tres zendos en Hawai, cuyas fotos figuran al final de este libro: Koko An y Palolo, ambos en Honolulu, y su casa encima de la lava en Big Island.

Con el tiempo, Koko An resultó demasiado pequeño para los estudiantes Zen que venían de las diferentes partes del mundo a practicar con Robert Aitken. Así, en el año 1987 la *Diamond Sangha* comenzó a construir un nuevo zendo en Palolo, mientras seguían las actividades Zen en Koko An. En 1993 Robert Aitken dirigió el primer sesshin en el *Palolo Zen Center*.

A finales de 1996 Aitken se retiró, mudándose a Big Island, donde se construyó una casa encima de la lava del volcán Kilauea, con un pequeño zendo y un cuarto de dokusan (entrevistas). Allí seguía recibiendo a unos pocos estudiantes veteranos. Después de unos años volvió a Palolo, donde residió hasta su muerte, el 5 de agosto de 2010, a los 93 años de edad. Estaba enfermo de corazón y sus estudiantes se ocuparon de él generosa e intensivamente. Un año antes de morir, Robert Aitken tuvo la satisfacción de celebrar el cincuenta aniversario de la *Diamond Sangha* en Palolo, con sus numerosos descendientes Dharma venidos de las distintas partes del mundo, así como con algunos visitantes llegados incluso desde Europa.

Koko An tuvo que venderse y ahora sirve de casa a una familia. También se vendió la casa en Big Island.

Nelson Foster, sucesor Dharma de Robert Aitken, viajó a menudo a Palolo desde 1996 hasta 2006 a dar sesshin allí desde la retirada de Robert Aitken. En el año 2006 le sucedió Michael Kieran, que sigue siendo el actual Roshi en Palolo.

Deseo que el presente libro te anime a ti, querido lector, a intentar adentrarte en este camino del Zen. Es un camino que transforma el carácter, que aporta paz, atención y compasión. Quiere conducirnos a nuestro núcleo, a nuestro ser más profundo, desde donde brota la fuerza para la vida cotidiana. Es un camino radical, al que hay que dedicar tiempo y constancia, pero merece la pena con creces, como han podido constatar las miles de personas que se han decidido a comenzar con la práctica.

Carmen Monske, maestra Zen
Madrid 2015

Prefacio

El presente libro tiene el propósito de servir de manual y que cada capítulo pueda usarse como un programa de instrucción para las primeras semanas del entrenamiento Zen. Espero que también sirva como referencia para los estudiantes avanzados.

La orientación para los nuevos estudiantes de Zen no es tradicional en Japón. Cuando asistí a mi primer retiro Zen, en el Monasterio Engaku en Kita Kamakura, recibí si acaso cinco minutos de instrucción para sentarme y contar mis respiraciones, antes de entrar a la sala de meditación para ocupar mi sitio. De allí en adelante, fue seguir a los otros y aprender por la práctica. Muchos de los estudiantes Zen pueden relatar experiencias similares.

Fue Harada Daiun Roshi, un innovador maestro de principios de siglo, quien estableció la orientación para monjes, monjas y estudiantes laicos en su monasterio. Sus sucesores se dieron cuenta de que los estudiantes que comienzan de este modo pueden evitar problemas y errores innecesarios durante los primeros meses, e incluso en los primeros años de su práctica.

Hay charlas introductorias de Yasutani Hakuun Roshi, el sucesor de Harada Roshi, que figuran traducidas en *Los tres pilares del Zen*[1] de Philip Kapleau. Yamada Koun Roshi, sucesor de Yasutani, y tercero en el liderazgo de esta corriente independiente del Zen, es mi propia inspiración directa y guía personal.

En las charlas introductorias, Harada Roshi enfatiza la

importancia de escuchar. Si escuchas como un miembro más de un auditorio, puedes tal vez hacerlo pasivamente, como si yo estuviera sólo expresando una opinión, pero no necesariamente para ti. Esto no es el acto puro de escuchar. Es importante que atiendas como si yo estuviera sólo hablándote a ti.

Al leer, es lo mismo. Estas palabras son tus palabras. Se forman en tu mente mientras aparecen en la página. Avanza con las palabras y te encontrarás en un proceso natural de aceptación y rechazo que no lleva juicios conceptuales implícitos.

Preparé por primera vez estas charlas en 1972, y desde entonces han sido el corazón de los programas de orientación en nuestros centros de la Diamond Sangha. A lo largo de los años pasados, los líderes participantes de estos programas han ofrecido múltiples sugerencias para una revisión y el libro ha sido completamente reescrito varias veces. Sólo soy nominalmente el autor; pero debería realmente haber muchos más nombres en la página del título, particularmente John Tarrant, y también Anne Aitken, Stephen Mitchell, P. Nelson Foster, Gary Snyder y Yamada Roshi mismo.

Agradezco a Andrew Thomas sus dibujos de zazen y de posturas de estiramiento; a Francis Haar su trabajo de fotografía usado en la realización de los dibujos; a Giza Juho Braum, Myphon shoen Hunt y Joseph B. Liggett la mecanografía, y a Jutta Hahne, Linda Engleberg, Michelle Hill y Joseph B. Liggett por ayudar de una forma tan importante.

Gracias a Wendell Berry por señalar los pasajes del manuscrito que hubieran sido confusos para alguien no familiarizado con las religiones orientales; y por simplificar algunas de mis frases complicadas.

La fotografía de Shakyamuni meditando en una silla se reproduce con autorización de la Academia de Artes de Honolulu. Esta figura china data del siglo séptimo y fue un regalo de Robert Allerton a la Academia en 1959.

El retrato de Hakuin, de Daito Kokushi se reprodujo gracias a la benevolencia de su dueño, Shugo Yokota del Templo Tenrin, Matsuo Japón. Esta pintura aparece en la obra japonesa, *Hakuin*, editada por Naoji Takeuchi y publicada en Tokio por Chikuma Shobo en 1964. La señora Yukie Dan, secretaria de *Eastern Buddhist Society* en Kioto, dedicó mucho tiempo a localizar esta pintura, y a tramitar su reproducción. Le agradezco los esfuerzos realizados con éxito.

Finalmente, una nota de la transcripción de palabras extranjeras. Se usan caracteres itálicos la primera vez que aparece un nombre o término y en los apéndices. La letra *s* se pronuncia *sh* en sánscrito. Algunas palabras sánscritas son tan largas, que son ilegibles excepto para los especialistas, así que las he separado en sus componentes, aunque quizá esto no sea del todo correcto.

Emprendiendo el camino del Zen

Ésta es la piedra,
empapada de lluvia,
que señala el camino.

SANTOKA, *A History of Haiku*

CAPÍTULO 1

Fundamentos

*Desde lo más profundo del corazón
os digo a todos:
vida y muerte son un asunto serio.
Todo pasa deprisa.
Estad siempre muy vigilantes,
nadie sea descuidado,
nadie olvidadizo*

Éste es el mensaje del *sesshin* (retiro Zen) por las noches. Lo dice un antiguo miembro de la Sangha justo antes de apagar las luces. Expresa tres de las preocupaciones del estudiante Zen: primero, estar vivo es una gran responsabilidad; segundo, tenemos poco tiempo para completar tal responsabilidad; y tercero, es necesaria una práctica rigurosa para la realización.

Nuestro modelo es Shakyamuni Buda. Conocido como el fundador del budismo, vivió en la India hace más de 2.500 años; pero la religión no es fundamentalmente una cuestión de historia. Recuerdo un curso sobre budismo impartido por D.T. Suzuki en la Universidad de Hawai hace ya mucho tiempo. Comenzó el curso narrando la vida de Shakyamuni. No la contó como una historia o biografía, sino como la historia de cualquiera, es decir, la historia de ustedes y mía.

El Buda nació como príncipe y alguien predijo que se convertiría en un gran líder religioso o en un gran emperador, así que fue entrenado en las artes del guerrero y del estadista. Asimismo, tuvo las comodidades y el entrenamiento apropiados para su condición de joven príncipe: alimentos exquisitos, ropa elegante y todo lo demás.

Esta es tu historia y la mía. Cuando somos jóvenes, todos somos pequeños príncipes y princesas. Cada uno de nosotros somos el centro del universo. De hecho, nuestra boca es el centro, y todo nos llega por allí. Nuestros padres nos guían hacia el sentido de responsabilidad, pero a pesar del proyecto que exista para nosotros, surgimos, cada uno en su propio camino, como individuos.

El programa del Buda de poder y comodidad le cansó antes de cumplir 30 años. Se dice que a pesar de los esfuerzos de su padre para protegerlo del sufrimiento, Shakyamuni fue testigo de la enfermedad, la vejez y la muerte. Cierto día, avistó la figura de un monje en el recinto del Palacio y preguntó acerca de él. Después de ponderarlo profundamente, indagó su propósito en el mundo. Finalmente, decidió dejar a su pequeña familia al cuidado de su padre para buscar en el bosque su fortuna espiritual.

Pueden imaginar la dificultad para tomar esta decisión. Todo por lo que alguien puede sentir afecto: una bella esposa, un hijo pequeño, una carrera de buen gobernante, todo lo abandona para iniciar una búsqueda, que bien puede llevar a ninguna parte. Su decisión estaba enraizada en un profundo interés por todos los seres. ¿Por qué debe haber sufrimiento en el mundo? ¿Por qué debe haber debilidad en la vejez? ¿Por qué debe haber muerte? ¿Y qué cosa en la vida de un monje puede resolver tales dudas? Todas estas preguntas invadieron al joven Gautama. Él reconoció entonces que, a menos que resolviera sus propias dudas, su liderazgo no podría verdaderamente ofrecer la plenitud a otros.

Nuestra búsqueda infantil de la gratificación nos empalaga y también sentimos que algo que no comprendemos está latente dentro de nuestro atareado ir y venir. Nuestra conducta egoísta deja de satisfacernos. Quizás nos demos realmente cuenta de nuestras dificultades cuando tratamos de encontrar una pareja sexual. Pero aunque parezca prometernos paz y totalidad, la relación de pareja puede convertirse en una tarea dura. Entonces nos damos cuenta de que hay que ir más allá.

La búsqueda de Buda lo llevó a convertirse en monje y a buscar su instrucción en la filosofía y en el logro de los llamados estados de conciencia elevados. Estudió con los principales maestros del Yoga de su tiempo, pero siguió insatisfecho. Aunque pudo controlar su mente y aprendió completamente las abstrusas y sutiles fórmulas filosóficas de su tiempo, no pudo resolver el problema del sufrimiento.

En el contexto occidental del siglo XX, la religión no es ya algo del otro mundo. No es necesario dejar a la familia para buscar a los grandes maestros y no es necesario volverse monje o monja para recibir una instrucción adecuada. Como el Buda, sin embargo, podemos ser implacables en nuestro seguimiento de la verdad que sentimos desde el principio. «Si no aquí, entonces en algún otro lugar, de algún modo».

Buda se apartó de la filosofía y los estudios místicos para dedicarse al ascetismo. Se negó a sí mismo el alimento, el sueño, el resguardo y la vestimenta. Por un largo periodo luchó contra sus deseos y sus sentimientos de apego. Pero este camino también lo llevaba a un callejón sin salida. A pesar de toda esta auto-negación, no pudo encontrar la verdadera paz. Nakagawa Soen Roshi me dijo una vez: «El Zen no es ascetismo». Dijo esto para asegurarme que yo no necesitaba seguir su ejemplo de nadar en invierno en la costa de Japón. Pero el Zen tampoco es indulgencia. La práctica exige rigor y esto no cabe en un estilo de vida cómodo. Necesitamos encontrar el camino medio. El Buda aprendió y nosotros también aprendimos, que el ayuno prolongado y otras privaciones excesivas sólo debilitan el cuerpo y el espíritu, y hacen más difícil la práctica. Y como nos cuenta el *Caigentan (Saikontan)*, «En el agua que es demasiado pura no hay peces»[3].

Así, Buda retornó a la meditación, la que sin duda había aprendido de sus maestros. Tomó su asiento bajo el árbol Bodhi, determinado a no levantarse hasta haber resuelto todas sus dudas. Un día al amanecer, miró hacia arriba y vio la estrella de la mañana. Entonces gritó: «¡Oh, maravilla!, ¡maravilla! ¡Ahora veo que todos los seres del universo son el Tathagata! Son sólo sus ilusiones y apegos los que les impiden reconocer este hecho»[4].

Tathagata es otro término para nombrar al Buda. Significa literalmente, «así llega» o, con mayor claridad, «aquel que así llega», e implica pura aparición, lo Absoluto manifestándose como el hecho viviente. Todos los seres son Buda. Todos los seres son la verdad, así como son. Un gran maestro del periodo T'ang usaba la expresión: «¡Sólo esto!», para presentar el corazón de la experiencia más profunda[5].

Esta profunda experiencia no está disponible para el observador superficial. Ilusiones y apegos en los que consiste el pensar egocéntrico y conceptual, oscurecen el hecho viviente. El camino del Zen está enfocado a clarificar esas obstrucciones y ver dentro de la verdadera naturaleza.

Esto puede ser *tu* camino, el camino medio del zazen, o de la meditación sentado. El camino medio no es un camino a la mitad, entre los extremos, sino una senda completamente nueva. No niega el pensamiento y no niega la importancia del autocontrol, pero la razón o la restricción no son sus puntos principales.

El doctor Suzuki solía decir que el Zen es noético, con lo que quería decir, según yo lo entiendo, que se origina en la mente. No es intelectual, sino que implica un caer en la cuenta, la pura gnosis de: «¡Sólo esto!». También implica la aplicación de este conocimiento en la vida diaria de la familia, el trabajo y el servicio comunitario.

Hacerlo personal

Al decidirnos por el budismo Zen, vemos que la vida de Buda es nuestra propia vida. No sólo la vida de Shakyamuni, sino la vida de todos los maestros sucesores en nuestro linaje, son nuestras propias vidas. Como ha dicho Wumen Huikai (Mumon Ekai), en la verdadera práctica Zen nuestras mismas cejas están entrelazadas con las de nuestros maestros ancestrales, vemos con sus ojos y oímos con sus oídos[6]. Esto no es así porque los copiamos, o cambiamos para ser como ellos. Debo explicar las palabras de Wumen (Mumon) diciendo que al encontrar nuestra auténtica naturaleza propia, encontramos la verdadera naturaleza de todas las cosas, la que los viejos maestros mostraron tan claramente con sus palabras y acciones. Pero la auténtica experiencia de identidad es íntima, más allá de la explicación. Y no es sólo con los viejos maestros con quienes encontramos completa intimidad. El tordo canta en mi corazón y nubes grises se juntan en el cielo vacío de mi mente. Todas las cosas son mi maestro.

En el camino del Zen buscamos por nosotros mismos la experiencia de Shakyamuni. Sin embargo, no le debemos una lealtad fundamental a él, sino a nosotros mismos y a nuestro entorno. Si pudiera demostrarse que Shakyamuni no existió, el solo mito de su vida sería nuestra guía. De hecho, es mejor reconocer desde el principio que los mitos y arquetipos religiosos nos guían, tal como lo hace toda persona religiosa. El mito de Buda es mi propio mito.

Así, es esencial al comienzo de la práctica, darse cuenta de que el camino es personal e íntimo. No es bueno examinarlo desde una distancia, como si fuera el de otra persona. Debes caminarlo por ti mismo. En este espíritu, te entregas a tu práctica, con la confianza en tu herencia y practicas con seriedad juntamente con tus hermanos y hermanas. Es este compromiso el que trae paz y plenitud.

Concentración

El primer paso en este camino de compromiso personal es la concentración. Comúnmente, creemos que la concentración es enfocarse en algo con intensa energía mental. Esto no es incorrecto, pero para el estudiante Zen no es un concepto completo. Aun en la experiencia común, trascendemos la concentración. Por ejemplo, ¿qué sucede cuando tienes que pasar un examen para un empleo oficial? Si estás completamente preparado, te sientas y lo resuelves. Aunque tu vecino esté nervioso o comience a llover afuera, tu atención no se dispersa. Antes de darte cuenta, ya has terminado. Un tiempo relativamente largo ha pasado. De pronto notas que tienes la espalda rígida y los pies adormecidos. Estás fatigado y quieres descansar. Pero durante el desarrollo del examen tu entumecimiento y tu cansancio no te distrajeron. Estuviste absorto en lo que estabas haciendo, te volviste enteramente la persona que está haciendo un examen. Te olvidaste de ti mismo durante la tarea.

Reparar una máquina; alimentar a un niño; ver una película, todos estos actos pueden trascender la concentración. Enfocar la atención en algo implica dos cosas: tú y el objeto, pero tu experiencia cotidiana demuestra que cuando estás en verdad absorto, los dos se funden y «ni siquiera hay uno» como le gusta decir a Yamada Roshi.

Aceptarse a uno mismo

La experiencia cotidiana de olvidar el ser en actos como, por ejemplo, reparar un grifo, debe comprenderse como un modelo para el zazen, es decir, la práctica de la meditación del estudiante Zen. *Pero antes de que sea posible olvidar el ser, debe haber una cierta medida de confianza.*

El clavadista desde lo alto del trampolín se abandona por completo en cada zambullida, pero no puede hacer esto sin el desarrollo de la confianza que va de la mano con el entrenamiento. Tal abandono no es fortuito. El clavadista se ha hecho uno con la práctica del salto: libre, pero al mismo tiempo altamente disciplinado.

Ni siquiera los campeones del salto alcanzan su potencial más profundo simplemente por trabajar en lo alto del trampolín. Un ejemplo más útil puede hallarse entre los arquetipos de zazen, como Manjusri, quien ocupa el sitio central del altar del *zendo* (sala de meditación). Él sostiene un rollo de papel, que representa la sabiduría, y una espada para cortar todos tus conceptos. Manjusri está sentado sobre un león acostado, y ambos parecen estar muy cómodos. El poder del león está todavía allí y, sin embargo, Manjusri habla con la voz del león. ¡Completamente libre, y completamente controlado! El nuevo estudiante debe hacerse amigo del león y domesticarlo antes de que pueda tomar el asiento del león. Esto lleva tiempo y paciencia.

Al principio, esta especie de criatura interior se asemeja más a un mono que a un león: arrebata con codicia objetos brillantes y coloreados y salta alrededor de cada cosa. Mucha gente se culpa a sí misma, e incluso está a disgusto consigo misma por su comportamiento inquieto. Pero si te rechazas a ti mismo, estás rechazando al sujeto del despertar. O sea, que debes hacerte amigo de ti mismo. Siéntete cómodo en ti mismo. Sonríete a ti mismo. Estás desarrollando tu confianza.

No comprendas mal. No estoy dirigiéndote al camino del orgullo y el egoísmo. Señalo el camino de Basho, quien se amaba a sí mismo y a sus amigos sin orgullo:

En nuestra fiesta para mirar la luna
no hay ninguno
con un bello rostro

Alguna vez he comentado al citar este poema: «¡Qué bastardos somos, sentados aquí a la luz de la luna!»[7]. Esta clase de sentido del humor es la base de la responsabilidad, la capacidad de responder. Cuando cometes un error, ¿te castigas a ti mismo o sacudes la cabeza con una sonrisa y aprendes algo de la situación? Si te maldices a ti mismo, estás retardando tu práctica.

Sólo si registras el error y decides hacerlo mejor la próxima vez, estarás listo para practicar.

Si Shakyamuni Buda se hubiera cuestionado solamente sus propias imperfecciones en vez de las causas más profundas del sufrimiento en el mundo, nunca hubiera llegado a comprender que todo está bien, correcto, desde el principio. El zazen no es una práctica para el desarrollo personal, como un curso para hacer amigos e influir en la gente. Con la práctica sincera del zazen ocurre el cambio del carácter, pero esto no es una cuestión de ajustar el ego. Es olvidarse de uno mismo.

Yamada Roshi ha dicho: «La práctica del Zen es olvidarse a sí mismo en el acto de unirse a algo.» Esto no significa que debes tratar de librarte de ti mismo. Esto no es posible, excepto mediante el suicidio, y el suicidio es una gran pena, porque tú, como todos los otros seres del universo, eres único; el Tathagata surge en tu forma particular como naturaleza esencial.

Olvidar el ser es la presentación de tal unicidad. Mira cómo el mismo Marcel Marceau se vuelve él mismo cuando se olvida a sí mismo en su trabajo. Y éste es su trabajo —cada uno de nosotros somos particularmente nosotros mismos— cuando nos olvidamos de nosotros mismos mientras realizamos cualquier tarea. Olvidar el ser es el acto de sólo hacer la tarea, sin autoconciencia, fundiéndose con la acción.

Contar la respiración

Zazen consiste únicamente en hacerlo. Sin embargo, aun para los estudiantes Zen avanzados, el trabajo en el cojín de meditación siempre se está refinando. Es como aprender a conducir un coche. Al principio, todo es mecánico y torpe. Conscientemente sueltas el acelerador y disminuyes la velocidad; gradualmente empiezas a aumentarla, mientras conduces entre las líneas blancas y evitas los otros coches. Hay tantas cosas que recordar y hacer a la vez que al principio cometes errores y quizás hasta puedes tener un accidente. Pero cuando te vuelves uno con el coche, estás más confiado. Y gracias a la experiencia te conviertes cada vez más en un mejor conductor.

El método preliminar en el camino del Zen es el proceso de contar las respiraciones, como lo es para muchas escuelas espirituales de religión de Asia. Una vez, en nuestro zendo Koko An, en Honolulu, fuimos anfitriones de un maestro de budismo Theravada de Sri Lanka. Le preguntamos cómo enseñaba la meditación a sus discípulos, y nos mostró las mismas técnicas para contar las respiraciones que habíamos aprendido de nuestro propio maestro Zen japonés. De algún modo es el primer paso natural. La respiración es un acto espontáneo de nuestro sistema físico y, hasta cierto punto, está bajo nuestro control.

En la antigüedad la respiración fue considerada nuestro mismo espíritu, como lo demuestran las palabras «inspiración» y «espiración». Cuando «espiramos» por última vez, ha finalizado nuestra «inspiración« en esta vida.

En el próximo capítulo explicaré detalladamente el método Zen. Por ahora, es suficiente intentar contar solamente tus respiraciones. Siéntate con tu espalda recta, y cuenta «uno» para la inhalación, «dos» para la exhalación, «tres» para la próxima inhalación, «cuatro» para la próxima exhalación, así hasta llegar a «diez», y repítelo. No vayas más allá del diez, porque es muy difícil seguir el rastro de números más elevados. No estás ejercitando tu facultad de pensar en esta práctica; estás desarrollando tu poder de apostar fuerte por algo.

Contar es el primer ejercicio mental que aprendiste cuando niño. Es el más fácil de todos los esfuerzos formales mentales, el más cercano a ser una segunda naturaleza. He visto a emigrantes que se han ajustado totalmente a la cultura y lenguaje adoptivos, pero todavía cuentan su dinero con los números que aprendieron en su infancia: *Un, deux, trois, quatre; ichi, ni, san, shi.*

Pero aunque contar las respiraciones resulta natural, no puedes soñar con esto y simplemente dejar que ocurra. Para enfrentar verdaderamente el desafío de tu mente alborotada, debes dedicar toda tu atención sólo al «uno», sólo al «dos». Cuando pierdes la cuenta (¡no *si* la pierdes!) y notas al fin que la has perdido, vuelve al «uno» y comienza otra vez.

Mucha gente puede contar hasta «diez» con éxito las primeras veces que lo intenta, pero nadie que no haya practicado puede mantener la secuencia durante mucho tiempo. Aunque se requiere una mente disciplinada incluso para fines tan comunes como manejar un negocio o enseñar, pocos de nosotros tenemos la facultad de atención expandida. He conocido a gente que me ha dicho, después de intentar practicar zazen veinticinco minutos, «sabe, ¡yo nunca llego a 'uno'!». Contar las respiraciones nos demuestra que, en verdad, como dice el proverbio chino, la mente es como un caballo salvaje.

Contar las respiraciones no es el jardín de infancia del Zen. Para muchos estudiantes es una práctica completa y de por vida. Pero incluso con un mes de práctica unos pocos minutos cada día, serás capaz de enfocarte más claramente en tu trabajo o estudio y entregarte a ti mismo más libremente a la conversación y al recreo. Habrás comprendido como comenzar, en cierta medida, la tarea de mantenerte a ti mismo sin dividirte, porque es el pensar en algo distinto a lo que tenemos entre manos, lo que nos separa de la realidad y disipa nuestras energías.

CAPÍTULO 2

Método

El budismo Zen es un sendero entre muchos. He oído decir que todos los senderos conducen a la cumbre de la misma montaña. Lo dudo. Creo que una montaña puede parecer tan sólo una pequeña colina desde la cumbre de otra. ¡Dejemos surgir cien montañas! Mientras tanto, tú debes encontrar tu propio sendero, y tu propia montaña. Puedes tener una determinada experiencia que señala claramente el camino. O quizás tengas que indagar por un tiempo. Pero al final tendrás que escoger un camino determinado con un maestro que te guíe.

Confiarte a un sendero específico implica riesgos, naturalmente. La aceptación incuestionable puede llevarte a una creencia ciega en algo completamente insano. Debes estar seguro de que un sendero dado es digno de que te comprometas con él. El proceso de decidir «éste es (o no es) el camino para mí», requiere tiempo. En cualquier centro Zen digno del nombre, nadie te apurará. En un verdadero *Dojo* (centro de entrenamiento) destacará a cada paso la autenticidad y pronto tendrás confianza.

El zazen como experimento

El núcleo del entrenamiento Zen es el zazen. Sin zazen, no hay Zen, no hay experiencia del despertar y no hay aplicación de la práctica. El zazen tiene sus raíces en los tempranos tiempos Védicos, y probablemente estaba bien establecido en el tiempo de Shakyamuni. Desde entonces ha sido refinado por tanteos en incontables centros de entrenamiento a través de unas noventa generaciones de maestros Zen. Y ahora su forma está bien establecida.

Sin embargo, la mente permanece vasta y creativa. Las palabras de nuestros ancestros en el *Dharma* (enseñanza) vuelven a ser una ayuda, pero el camino sigue siendo guiado por la experiencia.

Nuestro interés está en caer en la cuenta de la naturaleza de cómo somos, y ha quedado empíricamente demostrado que el zazen es el camino práctico para lograr que esto resulte posible.

Éste no es un camino diseñado exclusivamente para los japoneses, para la «inteligencia» o para alguna clase o categoría particular de individuos. El hecho de que el zazen se origine en India y China y de que venga a nosotros a través de Corea y Japón no es muy importante. Como americanos, australianos, europeos, lo hacemos nuestro.

Hay un punto aún más importante. Zazen no es meramente un medio, en tanto que comer, dormir, o abrazar a tus niños son medios o métodos. Dogen Kigen Zenji dijo: «Zazen en sí mismo es iluminación»[8]. Esta unidad de fines y medios, efecto y causa, es el Tao (camino) del Buda, la práctica de la iluminación.

La postura

He oído que alguien le preguntó a Sasaki Joshu Roshi: «¿Qué es necesario preservar del Zen?» Él replicó, «postura y respiración». Creo que yo simplemente hubiera dicho, «postura».

Postura es la forma del zazen. Para evitar la fatiga y permitir que se asiente la conciencia, las piernas, las nalgas y la columna deben soportar el cuerpo. Si la tensión se deposita sobre los músculos y tendones de la espalda y la nuca, será imposible continuar la práctica más allá de un periodo corto.

Podemos tomar como modelo la postura del bebé de un año de edad. El niño se sienta derecho, con la columna curvándose ligeramente a la altura de la cintura, más que completamente recto. El estómago sobresale al frente, mientras el coxis se echa hacia atrás. Sería imposible sentarse con la columna completamente recta a esa edad, ya que los músculos todavía no están desarrollados, y son demasiado débiles para mantener el cuerpo erguido. Al curvarse hacia adelante, las vértebras están colocadas en su posición más fuerte, y el niño puede olvidarse de su postura erguida.

Cuando te sientas sobre tu cojín, o sobre una silla, si tus piernas no se doblan con facilidad, tu columna debe curvarse ligeramente hacia adelante, a la altura de la cintura, como la posición del niño. Tu cinturón debe estar flojo, y debes dejar colgar tu estómago hacia afuera de manera natural, mientras echas hacia atrás tu coxis como sólido soporte. Un día Katsuki Sekida, consejero residente de la *Diamond Sangha*, envió tarjetas de Año Nuevo con la frase: «Barriga hacia delante, nalgas hacia atrás». Es así como debemos saludar al Año Nuevo o al nuevo día.

Si la columna está en posición correcta, entonces todo lo demás sigue naturalmente. La cabeza está hacia arriba, quizá levemente doblada hacia delante. El mentón está hacia adentro, las orejas en línea con los hombros, y los hombros a su vez con las caderas.

Las piernas

Las piernas son un problema. Pocas personas, ni los niños, incluso en Japón, son lo suficientemente flexibles para sentarse cómodamente en postura de loto sin sentir dolor. Los tendones y músculos necesitan estirarse durante muchos meses, antes de que podamos estar cómodos. Aun así, a la larga, sentarse con uno o ambos pies en los muslos es muy superior a sentarse en cualquier otra posición. De este modo estás metido en tu práctica y tus órganos están completamente cómodos. Sentarse en una silla, sin embargo, puede ser la única opción para alguien que sufre daños corporales o artritis. Ciertos ejercicios pueden ayudar al estiramiento para conseguir las posturas de loto:

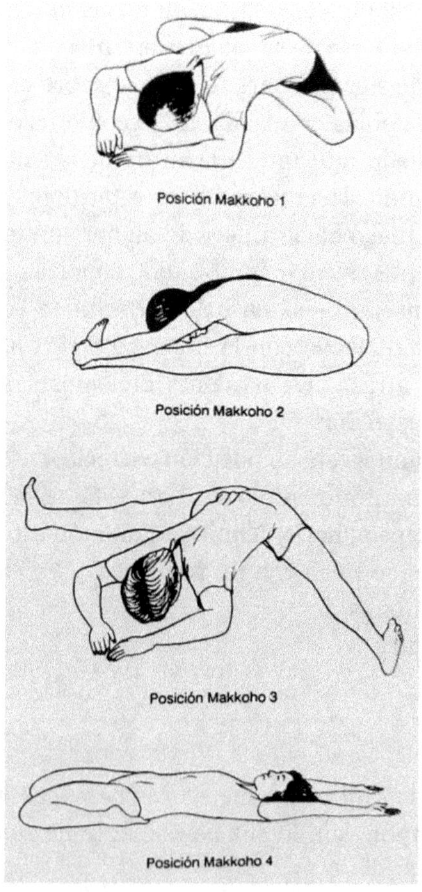

1. Comienza por sentarte en una alfombra o manta: lleva los talones de ambos pies hacia el sexo; dóblate hacia adelante con la espalda recta y trata de tocar el suelo con el rostro; pon las manos sobre el suelo justo delante de la cabeza. Las rodillas también deben tocar el suelo y, si no, muévelas suavemente hacia arriba y abajo, para estirar los ligamentos.

2. Coloca los pies juntos con las piernas estiradas, inclínate hacia adelante y toca el suelo con las palmas al lado de los pies manteniendo la espalda y las piernas derechas; si es posible, toca con el rostro las dos rodillas.

3. Extiende las piernas tan lejos como sea posible. Inclínate hacia adelante con tu espalda y piernas derechas y toca con el rostro el suelo; coloca las manos sobre el suelo, ya sea estiradas o delante de la cabeza.

4. Dobla hacia atrás una pierna para que tu pie esté a un lado de tus nalgas, con el empeine, pantorrilla y rodilla descansando sobre la alfombra o manta. Dobla la otra pierna hacia atrás del mismo modo. Ahora échate hacia atrás sobre un codo, luego sobre los dos codos y descansa suavemente tu espalda. Al principio, tendrás que echarte hacia atrás sobre un cojín para no estar completamente acostado, y quizás debas tener alguien que te ayude. Si puedes recostarte suavemente hacia atrás, eleva tus brazos sobre la cabeza hasta que tus manos toquen el suelo y llévalas a tu lado nuevamente.

Yasutani Roshi hizo estos ejercicios cada mañana antes del desayuno, hasta muy avanzados sus ochenta años. Podrá tomarte algún tiempo volverte más flexible para hacerlos, aunque sea parcialmente. Sigue esforzándote y tu zazen será más fácil desde el punto de vista físico.

Estos cuatro ejercicios constituyen el núcleo del *Makkoho*, un sistema japonés de acondicionamiento físico. No te fuerces demasiado o dañarás un músculo o un ligamento. Al límite de cada estiramiento, respira hacia adentro y afuera tres o cuatro veces y trata de relajarte[9].

Cojines

La postura correcta de zazen requiere un cojín y una funda rellena. La funda debe medir al menos 70x70 cm, rellena de miraguano, lana de oveja o de una manta de algodón, de modo que tenga un espesor de 4 cm aproximadamente. El *zafu* o cojín completa el equipo. Es esférico, relleno con miraguano o lana de 30 cm o más de diámetro, y se ablanda un poco con el uso. Los cojines comunes pueden ser un sustituto, pero no son tan prácticos. A veces se usa gomaespuma para rellenar la funda, pero constituye un asiento poco firme. No puede usarse para el zafu.

El zafu eleva tu coxis. Esto se hace para lograr una postura correcta sin tensiones. He conocido yoguis que pueden hacer la postura de loto completo apoyados sobre su cabeza, pero pocos que pueden meditar durante veinticinco minutos sin un cojín.

Sentarse

Coloca el cojín en el borde posterior de la funda, siéntate sobre él, y descansa ambas rodillas sobre la funda. Para la posición de loto, coloca el pie derecho sobre tu muslo izquierdo, tan alto como sea posible; después pon el pie izquierdo sobre tu muslo derecho. El medio loto es simplemente el pie izquierdo sobre el muslo derecho, y el pie derecho bajo el muslo izquierdo. El loto completo es el modo más seguro de sentarse. El medio loto es adecuado; distorsionará el cuerpo un poco, pero no tanto como para tener importancia. Está bien colocar el pie derecho sobre el muslo izquierdo como un modo de compensar una desviación de columna o como un relevo durante el sesshin.

Hay otras posibilidades: una es el estilo *birmano* en el que una pierna se coloca frente a la otra, de modo que ambos tobillos descansen sobre la funda. Esta postura no es tan firme como el medio loto, pero es más cómoda para las rodillas. Cuando te acostumbres a ella, serás capaz de comenzar a adoptar la postura de medio loto, al principio por breves intervalos, y luego por periodos más largos.

La otra opción es la posición *seiza*, la que es algo parecida a arrodillarse, excepto que tu trasero está apoyado en un zafu. Algunas personas colocan el zafu de canto antes de sentarse sobre él. Esto mantiene las piernas más juntas y es más cómodo. Tu peso descansa sobre el asiento, las rodillas, las piernas y los tobillos. Como la posición birmana, seiza no es tan firme como medio loto, pero se puede adoptar como una práctica intermedia mientras las piernas se vuelven más flexibles mediante los ejercicios diarios de estiramiento. Es asimismo útil como descanso durante el sesshin.

La posición más incómoda es la convencional: con las piernas cruzadas, la *forma de sastre*. Ambos pies están bajo los muslos. La espalda está curvada, el vientre hacia adentro. Una pierna descansa sobre el tobillo de la otra, y es inevitable sentir un fuerte dolor. Los pulmones deben esforzarse para obtener oxígeno, y los otros órganos también parecen apretados. Esta postura probablemente no conduce ni a la salud ni a la buena práctica.

El medio loto incompleto, en el que el pie superior descansa sobre la pantorrilla de la otra pierna, en vez de sobre el muslo, puede ser también doloroso para la espalda después de un rato. De algún modo es difícil estar erguido en esta posición, y uno se tensa durante el esfuerzo.

Todas estas sugerencias respecto a las posturas deben tomarse como guías, no como reglas. Haz lo mejor que puedas. Una de nuestras integrantes del Zendo Maui hizo un sesshin completo de siete días echada sobre su espalda. Tenía roto un disco y no podía siquiera sentarse sin ayuda. Daito Kokushi, gran maestro del temprano Zen japonés tenía una pierna rígida y no podía sentarse en ninguno de los modos convencionales.

El retrato idealizado de Daito Kokushi, pintado por Hakuin Zenji, lo muestra sentado con un bulto sospechoso bajo su hábito en el lugar en el que deberían estar sus pies. No estoy seguro de si esto representa o no su pierna inválida.

Shakyamuni Buda sentado en una silla

Retrato de Daito Kokushi, por Hakuin
Ekaku Zenji

De todos modos se dice que él fue capaz de colocarla en el lugar correcto, sobre su muslo, solamente al fin de su vida. «Toda mi vida te he estado obedeciendo», le dijo a su pierna. «Ahora tú me obedeces». Con una poderosa exhalación colocó la pierna en su posición, rompiéndola, y muriendo en el mismo momento.

Yo me pronuncio en contra de esas prácticas drásticas, al menos hasta que alguien esté listo para morir. La postura de loto completo es el modo más firme de sentarse, pero es asimismo la que tiende más a lastimar al principiante ansioso. Tus piernas deben ser bastante flexibles antes de intentarla, y aun entonces, no te sientes así durante periodos largos, hasta que estés bastante cómodo. Puedes hacer «saltar» tu rodilla y de ahí causarte un daño permanente.

Un maestro de yoga me aconsejó que la gente tuviese mucho cuidado al colocar las piernas para la postura de zazen, cogiendo las rodillas con las manos, y también cuando las desdoblan al final de un periodo. Es un consejo muy práctico. Las rodillas son articulaciones relativamente débiles.

Ojos y manos

Tus ojos deben estar semicerrados, más o menos dos tercios mirando hacia abajo, a un punto situado unos noventa centímetros delante de ti. Recuerda que si cierras los ojos, te puede dar sueño, si tus ojos están completamente abiertos, te distraerás fácilmente. Asimismo, no trates de mantener tus ojos enfocados. Después de un tiempo estarán desenfocados de una forma natural.

Coloca las manos en el regazo, formando el mudra de meditación. Tu mano izquierda debe descansar, con la palma hacia arriba, sobre la palma de tu mano derecha, y tus pulgares deben tocarse, formando un óvalo (se dice, prácticamente, que son las puntas de las uñas de los pulgares las que deben tocarse). Tus manos deben descansar en tu regazo, justo tocando el vientre, y los codos deben proyectarse algo hacia delante. Algunos maestros Zen sugieren que imagines que estás sosteniendo una preciosa joya en tus manos; otros sugieren que pongas tu atención en este punto. En cualquier caso, la posición de la mano es de suma importancia, porque refleja la condición de tu mente.

Si tu mente está firme, tus pulgares sostendrán el óvalo; si tu mente se vuelve perezosa o se extravía en fantasías, tus pulgares tenderán a caer (en la escuela Rinzai las manos están simplemente unidas con la mano derecha tomando el pulgar izquierdo).

Comienza tu práctica

Cuando te sientes, coloca tus pies en posición, inclínate hacia adelante, empuja con el trasero hacia atrás y siéntate. Luego toma una respiración profunda hasta quedar vacío y retenla. Entonces exhala despacio y en silencio, hasta quedar vacío, y quédate así. Inspira otra vez y retén el aliento, exhala completamente una vez más. Puedes hacer esto a través de la boca, pero recuerda que todas las otras veces debes respirar a través de la nariz. Esas dos inhalaciones y exhalaciones profundas ayudan a cortar la actividad mental y a calmar la mente para el zazen.

Ahora mécete de un lado a otro, al principio ampliamente, luego en arcos decrecientes. Inclínate hacia adelante y hacia atrás del mismo modo, y encontrarás que estás bien asentado y listo para comenzar a contar la respiración. Sigue las instrucciones que he dado anteriormente. Cuenta «uno» para la inhalación, «dos» para la exhalación, y así hasta «diez» y repítelo.

Algo más sobre contar la respiración

Te darás cuenta de que contar las respiraciones es un medio útil a lo largo de toda tu vida de entrenamiento Zen. Más adelante, cualquiera que sea tu práctica, debes contar tus respiraciones de «uno» a «diez» una o dos secuencias, al comienzo de cada nuevo periodo de zazen. Te ayudará a asentarte y servirá para recordarte que no sólo te estás sentando, sino sentándote con una práctica específica.

El objeto es volverse uno con tu objeto durante el zazen; o sea, que si te sientas meramente enfocado en un solo aspecto, tiendes a encerrar tu potencial. Tú y tu objeto permanecen como dos cosas. Conviértete en cada punto, en cada número, durante la secuencia de contar. Tú, el contar y la respiración son todos una sola pieza en este momento. Pon todo tu ser en cada número. Hay solo «uno» en todo el universo, solo «dos» en todo el universo, solo ese único punto. Todo lo demás es oscuro.

Al principio, como aprendiz, deberás ser consciente de cada paso del proceso, pero finalmente te volverás el proceso mismo. La práctica hará la práctica. Eso lleva tiempo, y durante meses, quizás, parecerá que gastas tu tiempo soñando más que contando. Es normal. Tu cerebro *segrega* pensamientos como tu estómago segrega pepsina. No te condenes a ti mismo por esta condición normal.

Contar las respiraciones es sólo uno de los múltiples ardides que puedes usar en tu práctica. Más adelante te enseñaré algunos más en detalle.

CAPÍTULO 3

Medios apropiados

La enseñanza en el budismo Zen es una presentación. No es sólo un artificio que intenta lograr cierto resultado pedagógico. La enseñanza misma es el Tathagata. Ejemplos de esto pueden ser el Buda mostrando una flor a la asamblea, sin palabras ni explicaciones, Juzhi (Gutei) levantando un dedo siempre que se le hacía una pregunta[10].

Hay muchos malentendidos respecto a esto, aun entre los estudiantes Zen. Por ejemplo, muchos suponen que los *koan*, o los temas del Zen, son acertijos diseñados para enfrentarse a un dilema, y que esto origina un proceso psicológico que conduce a una especie de irrupción en otra dimensión, llamada *iluminación* o *despertar*. Aunque es cierto que puedes sentirte frustrado con el trabajo de los koan y que experimentarás realmente alivio con el despertar, el koan, básicamente, es una manifestación específica de la naturaleza de Buda y tu trabajo con el koan consiste simplemente en clarificar esa manifestación para ti mismo y para tu maestro.

En sánscrito, los elementos de la enseñanza se llaman *upaya*, o «medios apropiados». En Sino-Japonés, este término se traduce como *hoben*, y ambas palabras se refieren a las diferentes manifestaciones de la naturaleza de Buda que podemos utilizar como guías en nuestro viaje. No solamente encontramos inspiración en los upayas de otros, sino que nosotros mismos nos manifestamos compasivamente con los medios apropiados, mientras interactuamos con la familia y los amigos.

Aún más sobre contar la respiración

Contar la respiración es uno de tales upayas, y ahora que has aprendido el gran desafío que esto significa, te darás cuenta de cuánta energía canalizas generalmente hacia tu facultad de pensar y con qué facilidad te dedicas a planificar, recordar o fantasear. Aún más, la mayoría de la gente vive su vida en su trabajo, en sus familias, y en sus fantasías. No guardan energía para hacer indagaciones más profundas de su propio ser, e incluso llegan a usar actividades superficiales para oscurecer tales indagaciones.

Así te darás cuenta que eres un adulto incapaz de concentrarte lo suficientemente bien para contar del «uno» al «diez». O quizás con gran cuidado puedes hacerlo una sola vez, pero pierdes el rastro en la próxima secuencia. O reconocerás que cuentas mecánicamente en un nivel, mientras estás soñando en otro. Ahora puedes ver la importancia del entrenamiento. Si tu «mente de mono» (= mente dispersa) no te deja examinar cada paso en una simple secuencia de respiraciones, entonces ¿cómo puedes mantener la atención necesaria para mirar dentro de tu propia naturaleza?

A lo mejor ves que constantemente pierdes la cuenta en el «cuatro», el «seis» o el «ocho». Trata de establecer tu primera meta en ese número, cualquiera que éste sea. Quizá para comenzar tengas que llegar sólo hasta «dos». Cuenta «uno», «dos», «uno», «dos» hasta que hayas logrado maestría en tal concentración. Entonces, gradualmente, extiende tu mente a números más altos hasta que logres la cuenta completa de diez, más o menos de manera consistente.

Todos tememos fracasar, en un grado o en otro, y preferimos no intentar algo que parece tan difícil. Con este ardid de ajustar tu meta a tu capacidad presente, puedes evitar frustraciones innecesarias en el inicio de tu práctica. Sin embargo, es importante comprender que el entrenamiento Zen es también una cuestión de lidiar con el fracaso. Todos fallan al comienzo, tal como lo hizo Shakyamuni Buda. Practicar zazen, para cualquiera que no está completamente maduro, es tratar de observar que lo que se está percibiendo no es la realidad y retornar a la práctica, notarlo y regresar a la práctica una y otra vez.

Cuando tu mente se desvía hacia algún asunto pendiente, lo recordarás nuevamente cuando tu zazen haya concluido. Si te sientes feliz por algo, está bien; continúa contando en ese estado feliz. Pero cuando te quedas sobre la felicidad en sí misma, entonces pierdes la cuenta. Del mismo modo, puedes sentirte triste. Esto también es correcto. Simplemente sigue contando con ese sentimiento de tristeza; pero si buscas la causa de la tristeza, el acto de contar desaparece. El zazen tiene un aspecto terapéutico, pero no es en sí mismo terapia.

Sobre todo no te digas: «¡Oh, qué pasa conmigo! Allí voy de nuevo, soñando cuando debería estar contando». Tal recriminación es en sí misma una ilusión. Simplemente ten calma y abandona el ritmo de tus pensamientos, cuando te des cuenta de que te has extraviado, vuelve a contar.

La organización del centro Zen

Una organización de amigos que hacen zazen juntos es un medio apropiado para la práctica. Si prescindimos del maestro, de los compañeros de prácticas y de nuestro hogar espiritual, estamos estancados en un sitio vacío. Aunque el mundo es nuestro hogar en un sentido más amplio, necesitamos un entorno local que nos apoye, en el que podamos comprometernos. Sin apoyo por un lado y compromiso por otro, la plenitud personal no resulta posible. La organización budista Zen está dirigida por completo a enseñar al practicante a mirar dentro de su propia naturaleza, y a aplicar esta visión interna en su vida diaria. El modo en que el dojo está organizado, su programa, reglas y modos de comportamiento de los miembros: todo es contemplado como el Tao de Buda.

Fuera de cada monasterio Zen Rinzai en Japón hay un signo que anuncia el nombre del templo, el nombre de la montaña (aun en las ciudades, el templo tiene nombre de una «montaña»), el nombre de su templo principal, y el nombre de la subsecta. Todo esto es seguido de las palabras *semmon dojo*, lo que significa: «Centro de entrenamiento especial». Una vez que has localizado tu centro de entrenamiento especial, puedes estar de acuerdo con tus amigos anti-sectarios en que todo lugar puede ser un templo. Pero hasta entonces, todas partes también es ninguna.

El *Sutra Huayan* (Kegon) describe el universo como la «red de Indra», una red multidimensional en la que cada nudo es una joya que brilla sola, y aun así refleja completamente a cada una de las otras joyas[11].

La *Sangha*, o hermandad, es la red de Indra en miniatura. Pulimos nuestra propia joya en zazen y reflejamos las de los que practican con nosotros.

Ritual

Los rituales y ceremonias de la práctica Zen se pueden entender de muchas maneras. En este momento, déjenme ofrecer dos explicaciones. Primero, el ritual nos ayuda a profundizar en nuestro espíritu religioso y extender su vigor a nuestra vida. Segundo, el ritual es una oportunidad para experimentar el olvidarse a sí mismo cuando la palabra o la acción se vuelven uno contigo, y no hay nada más que el ritual mismo.

Gassho es la demostración más inmediata del primer punto. Consiste en colocar tus manos palma con palma, con las puntas de los índices a una pulgada de tu nariz. Nos inclinamos con nuestras manos en gassho cuando entramos o salimos del dojo y antes del zazen nos inclinamos de este modo dos veces, la primera hacia nuestros hermanos y hermanas a nuestro lado y la segunda a los que están en el lado opuesto del dojo.

Gassho significa unirse con respeto. En el sur y el sudeste de Asia, gassho es el saludo convencional entre amigos. En nuestra práctica, es signo de que nos unimos respetuosamente con nuestras hermanas y hermanos, con los personajes de nuestro linaje y con nuestro entrenamiento.

A veces nos postramos en el suelo y elevamos nuestras manos un poco. Estamos levantando los pies de Buda sobre nuestra cabeza. Es un signo de arrojar todo o, como lo ha descrito uno de mis alumnos, el acto de verter hacia el exterior todas las cosas desde nuestra cabeza. Arrojamos todos nuestros intereses personales y nuestras preocupaciones. Sólo está la postración.

«Sólo esa postración» presenta el segundo punto. Has estado practicando en tu cojín para volverte uno con algo. Luego, en un momento determinado, te olvidas de ti mismo junto con algún incidente. Puede ser algo que haces, o algo de lo que escuchas fuera de ti mismo. Ese sonido, ese acto de pararse, o sea lo que sea, es entonces todo. Fuera de eso el universo entero está silencioso y vacío.

Dojen Zenji expresó esta experiencia de olvidarse como: «caen el cuerpo y la mente; el cuerpo y la mente caídos»[12]. Éste es un solo acto, pero con el fin de explicarlo podemos identificar dos aspectos y darles sus nombres tradicionales. Cuando «se te caen cuerpo y mente» hablamos de la «gran muerte», y con este abrupto caer eres la persona que ha caído. Encuentras la «gran vida» tan pronto como te sientas, ríes con una broma, o bebes agua; libre de cuerpo y mente y, sin embargo, funcionando como cuerpo y mente.

Así, en el ritual del dojo, en el mismo ambiente de devoción que es el entorno del zazen, las señales de las campanas y los golpes de la madera, la orden para comer, los sutras y las reverencias, todo esto alienta la experiencia de «cuerpo y mente caídos». Sin preocupación por su significado, debes, como algunos estudiantes que conozco lo han hecho, darte cuenta de que los sutras se recitan a sí mismos. Cuando tan solo se recita, uno se olvida realmente de sí mismo, y tu cosmovisión sufre un vuelco de ciento ochenta grados.

Horario

Un cúmulo de cosas requieren nuestra atención. A menos que seamos por naturaleza organizados, estamos a merced de las circunstancias e incidentes que nos empujan cada día, toda nuestra vida. El origen de la desorganización personal yace en nuestro hábito de pensar, y buscamos aquietar nuestras mentes ocupadas en el zazen. Pero a menos que corrijamos también la desorganización de nuestra rutina, nuestra práctica será inestable y mal enfocada.

El horario en un centro de entrenamiento o en la vida del estudiante Zen que vive en su propia casa, es la postura del tiempo, la columna vertebral del tiempo: Así como tienes la libertad para dedicarte por completo a contar las respiraciones, cuando tu postura es correcta, así puedes fácil y cómodamente moverte del trabajo al juego, al zazen, a dormir y así sucesivamente, entregándote por completo en cada acto, cuando tu horario es equilibrado y estable.

En tu hogar tendrás que fijarte un horario. El mejor es aquél que te evita al máximo tener que tomar decisiones. Lo anterior puede parecer una negación de la dignidad y madurez humanas, minimizar el número de decisiones, pero el hecho es que si organizas tu vida de este modo, podrás aprovechar toda tu energía para la práctica. Sólo cocinar; sólo escribir; sólo descansar; sólo sentarse, haciendo cada cosa a su tiempo con total atención será tu práctica, ya estés sentado en tu cojín o estés fuera de él.

Yunmen Wenyan (Unmon Bun'en) dijo: «El mundo es tan vasto y amplio. ¿Por qué te pones tu hábito de monje cuando suena la campana?»[13]. La campana anuncia una charla en la sala principal del monasterio. Los monjes se ponen sus hábitos formales y van desde sus habitaciones a escuchar a su maestro. La pregunta de Yunmen (Unmon) es un koan y requiere una respuesta fundamental, pero como upaya puedo preguntar: «¿Por qué no tomas tu toalla y vas a la playa cuando oyes el sonido de las campanas?». El mundo es muy amplio, lleno de opciones. Cuando suena el despertador, ¿por qué te levantas? ¿Es sólo porque sabes que te despedirán si llegas tarde al trabajo?

El zazen se puede considerar como una cuestión de señales también. Cada respiración es plena y completa en sí misma, pero mientras estamos aprendiendo a concentrarnos, cada respiración puede ser una señal para mantener la práctica. La primera señal es «uno», la segunda señal es «dos». Si desatiendes las señales y te dices: «En esta respiración no voy a contar; voy a pensar en mis problemas sociales», entonces te estás separando de la práctica, diciendo, en efecto, «soy demasiado bueno para el zazen».

Del mismo modo nos entrenamos para encontrar nuestra verdadera naturaleza al ignorar los antojos egocéntricos que dicen: «Voy a quedarme dormido un rato más esta mañana» o «no me siento como para practicar zazen ahora». A menos que nos entreguemos a la práctica de contar las respiraciones, escribir, lavar platos o cualquier otra actividad y, asimismo, a nuestro ir y venir de una actividad a otra, nos encontraremos separados de nosotros mismos, una condición muy triste.

Sentarse con otros

Es importante sentarse con otros, pero muchas personas se sientan solas porque no tienen alternativa. En tales circunstancias puedes ganar fortaleza e independencia en tu práctica, pero encontrarás aliento y apoyo en la correspondencia con otros estudiantes Zen; trata también de suscribirte a las revistas de los distintos centros Zen. Elige el centro que más te guste y trata de ir a un sesshin al menos una vez al año.

Puede que encuentres personas que practican zazen muy cerca de ti. Si no es así, considera entonces organizar tu propio grupo para sentarte. Si tan sólo un amigo tuyo está interesado, vosotros dos podéis volveros una verdadera Sangha. La *Diamond Sangha* comenzó cuando Anne Aitken y yo empezamos a sentarnos con dos amigos una vez por semana en nuestra sala de estar. Usábamos los cojines del sofá como zafus, y, a falta de campana, golpeábamos un cuenco con una cuchara de madera.

Al hacer la experiencia del despertar sabes que el otro no es otro que tú mismo. Al unirte a una Sangha lo reconoces desde un principio. Si aun así prefieres sentarte solo, prueba alguna vez a sentarte con un grupo. Puede que te des cuenta de que tu reflejo en los otros es un aliento para tu práctica.

Cuando te sientas solo, presta atención al consejo de Shaku Soen Zenji: «Recuerda que te estás sentando con todos los seres del universo»[14]. Ten presente este pensamiento en el momento en que tomas asiento.

Dónde sentarse

Establece un tiempo cada día en el que no te molesten. Muchos eligen la mañana muy temprano. La casa está tranquila, y los ruidos de la calle son mínimos. La tarde es también un buen momento, pero pueden llegar visitas o tu familia puede tener otros planes.

En realidad, cualquier momento es bueno, excepto después de comer. Los estudiantes ansiosos se sientan a veces incluso después de las comidas, ignorando la incomodidad que causa un estómago lleno. A menudo, la única oportunidad de hacer zazen para las madres o padres de niños pequeños es cuando los chicos duermen. Si es posible, coge la misma hora cada día; puede ser un tiempo circunstancial, no necesariamente un tiempo de reloj. Si tu tiempo circunstancial es después de levantarte y lavarte, entonces siéntate en tu cojín cada día en ese momento. Nunca dejes pasar el momento para sentarte.

Cuánto tiempo hay que sentarse

Al principio no trates de sentarte mucho tiempo. Cinco minutos pueden ser suficientes para comenzar. Si te sientas cada día durante cinco minutos, pronto desearás sentarte durante periodos más largos. Pero si tratas de comenzar con media hora, abandonarás la práctica desde el primer día. Serás como aquellas personas que un día se preocupan por su salud y deciden correr tres kilómetros, y ésta será probablemente su primera y última vez. Es el error del perfeccionista. Pon tus metas cerca, así puedes acertar cada vez y entonces, gradualmente, colocarlas a mayor distancia.

Aunque la duración de los periodos para sentarse varía en cada centro, Yasutani Roshi señaló que no hay que sentarse más de veinticinco minutos sin una interrupción aunque seas un veterano de zazen. Estoy de acuerdo; si deseas sentarte por un tiempo largo, haz una pausa después de veinticinco minutos, levántate y estírate, lava tu cara, o sólo mira el cielo, y luego regresa a tu asiento. Te encontrarás refrescado. Si te sientas durante largos periodos sin moverte, puedes quedar entumecido y embotado sin darte cuenta.

Puede ser útil usar un reloj de cocina; así no necesitas mirar tu reloj mientras meditas. Cúbrelo con algo, para que su sonido no te moleste. El modo tradicional es sentarse durante el tiempo que tarda en arder una varita de incienso. Las varitas de incienso japonés arden aproximadamente durante veinticinco minutos.

El lugar y su espíritu

También debes fijar tu lugar. Muchos de nosotros no podemos destinar una habitación exclusiva para el zazen, pero todos podemos hacer un rincón sagrado. Coloca tu funda y cojín allí, con una mesita baja o un estante para el incienso, flores y un dibujo de Shakyamuni, Bodhidharma, Kanzeon, o uno de los otros Bodhisattvas o maestros. La habitación debe estar limpia y ordenada, sin mucha luz solar, aunque tampoco debe parecer tenebrosa. El espíritu de dedicación religiosa que es tan aparente en el ambiente de un centro de entrenamiento será así evocado en tu propia casa y en tu vida diaria.

Por un lado, este rincón religioso debe ser austero, libre de sentimiento emocionales que llevan a la preocupación.

El incienso, por ejemplo, no debe ser pegajoso ni dulce. Por otro lado, tu lugar para hacer zazen no debe ser árido, carente de un ambiente devoto. Para algunas personas el incienso y las imágenes de Buda chocan con su espíritu racional. Pero ciertamente no podemos depender sólo de nuestra racionalidad.

El incienso, las imágenes y las flores nos ayudan a ponernos en contacto con la fuente del espíritu universal, nos llevan a la unidad con nuestra herencia y con nuestros hermanos y hermanas, los cuales —ya lo sabemos intelectualmente– son la realidad de nuestra práctica. Nos ayudan a establecer arquetipos significativos de compasión y del despertar en nuestro ser más íntimo. Sin estas ayudas, el zazen puede volverse sólo un ejercicio de psicología pop, y quedarse en el nivel de los libros sobre pensamiento positivo.

Ropa

Cuando te sientes para hacer zazen usa ropa limpia. Yasutani Roshi aconseja no sentarse en pijama, por su asociación con el sueño o el tiempo libre, que pueden trasladarse al zazen. Cubre tus hombros y elige colores neutros que no te distraigan. En la mayoría de los centros de práctica se les pide a los estudiantes no usar ropa estampada, y evitar los perfumes y las joyas visibles. Para no bloquear la circulación de la sangre en las piernas, es mejor no usar pantalones ni medias ajustados. Un hábito de zazen, una bata o la vestimenta japonesa de kimono y hakama son lo más adecuado.

Kinhin

En el centro de entrenamiento hacemos *Kinhin* entre cada periodo de zazen. Es la práctica de caminar a un ritmo lento, moderado o incluso rápido, dependiendo de la costumbre del centro, mientras se siguen contando las respiraciones o trabajando en un Koan. En los centros del linaje de Harada Roshi, al caminar tenemos la mano derecha cerrada suavemente alrededor del pulgar cerca del plexo solar, y la cubrimos con la mano izquierda. Los codos sobresalen un poco, y los antebrazos están paralelos al suelo. Estos detalles varían en otras tradiciones.

Cuando suena la campana, al fin del periodo de zazen,

mécete hacia delante y atrás unas cuantas veces en arcos crecientes, luego deslízate circularmente en tu cojín en dirección al altar y ponte de pie lentamente con tu espalda hacia la funda, colocando los pies firmemente sobre el suelo. No te pares sobre la funda; es blanda y si tus pies están dormidos puedes torcerte un tobillo. Cuando suena la campana, inclínate con las manos en gassho, vuelve a colocar las manos al pecho, gira hacia la izquierda y, después de una pausa, inicia tus pasos.

Kinhin está, podemos decirlo, a mitad del camino entre la cualidad de atención que se requiere para sentarse, y la cualidad de atención necesaria en el mundo cotidiano. Estás haciendo zazen mientras caminas, pero debes estar también atento a la persona que camina delante de ti para mantener el mismo ritmo. El término «kinhin» significa «Sutra caminando». El Sutra que es caminado más bien que leído en voz alta. En la antigüedad, los Sutras se recitaban mientras se caminaban y hoy todavía se hace durante ceremonias especiales. Kinhin nos muestra que nuestras acciones cotidianas son en sí mismas sutras.

Podrás practicar kinhin en la vida cotidiana hasta cierto punto. Caminando desde tu hogar hasta el autobús, de tu casa al jardín, y dentro de la casa, puedes juntar tus manos y ponerte en la dimensión de zazen. Sacerdotes, monjas y laicos serios de muchas religiones del mundo practican una especie formal o informal de kinhin. Se sabe en todas esas tradiciones que juntar las manos mientras se camina propicia la devoción.

Pero no dejes que tu práctica atraiga la atención inquisitiva. No hay necesidad de hacer una demostración pública de kinhin, zazen y otros aspectos del entrenamiento Zen. La gente que no tiene particular interés en la experiencia del despertar hará preguntas si te ven caminando en forma extraña, o si ven tu cojín y tu rincón de zazen en tu sala de estar. Mantén clara tu mente y evita conversaciones superficiales acerca del Zen. Por otra parte, los que están realmente interesados se distinguirán con claridad.

El Kyosaku

En el centro de entrenamiento el monitor lleva un bastón plano y angosto durante los periodos de zazen. Se trata del Kyosaku, también pronunciado *keisaku*, y es la espada de Manjusri que corta los conceptos y las ilusiones. Se usa para golpear a los estudiantes en la parte blanda de los hombros, haciendo un sonido chasqueante y agudo que se oye por todo el dojo. Hay tantos malentendidos respecto al kyosaku que merece una explicación cuidadosa.

Algunos escritores han dicho que el Kyosaku se usa para despertar a los estudiantes que están dormidos y para castigar a otros por sus pensamientos vagabundos. Éstas son malas interpretaciones que tienen poca o ninguna base en la experiencia. En *Ryutakuji*, el monasterio en el que yo me entrené hace muchos años, he visto al monitor caminando en el dojo, ignorando por completo a los monjes doblados o dormidos que llenaban la mitad de la sala. Podría ser el segundo día del sesshin, y todos estaban cansados. Para el tercer día, habría un ambiente mucho más alerta y para el cuarto día este mismo monitor daría un suave toque a todo aquél que comenzase a dormitar.

En relación al Kyosaku como castigo, en el dojo no se usa de este modo. Cuando se utiliza con habilidad, el Kyosaku es simplemente un estimulante. Sólo se golpean los músculos de los hombros, en tal ángulo y con la fuerza precisa para dar una punzada y nada más.

En muchos centros, incluido el nuestro, el Kyosaku se usa sólo cuando se pide. Si te sientes sin energía o adormilado, entonces sube tus manos en gassho a la altura de la cabeza para pedirlo, cuando el monitor camine detrás de ti. Cuando el monitor toque tu hombro con el Kyosaku, vuelve a colocar tus manos en el regazo, gira tu cabeza hacia la izquierda, luego hacia la derecha, mientras que golpean tus hombros. Luego, haz un gassho nuevamente. El monitor se inclina en gassho hacia ti, antes y despúes. Este proceder varía levemente en cada centro.

El Kyosaku es tradicionalmente un «objeto de advertencia», que es el sentido literal de la palabra. En las sociedades feudales del Lejano Oriente, los estudiantes Zen estaban preparados para recibir un tratamiento más rudo que el que se utiliza aquí en Occidente.

El Kyosaku que usamos en nuestro Zendo Koko An en Honolulu lleva una inscripción de Yamada Roshi, una cita de Yunmen (Unmon): «Te perdono sesenta golpes»[15]. En otras palabras: «¡De qué sirve golpear a los que son como tú!». Éste es un golpe más fuerte que cualquier golpe con un bastón, pero esas palabras fueron un desafío y llevaron al despertar a uno de los estudiantes de Yunmen (Unmon). Nosotros en Occidente, creo, hemos dejado atrás el feudalismo, y pocos de nosotros seríamos capaces de aguantar sesenta golpes sin pestañear, pero esto no supone un signo de debilidad.

Para los rigores del sesshin y para hacer frente a los fracasos, creo que los estudiantes Zen de Occidente tienen una entereza y determinación igual a la de sus predecesores chinos y japoneses.

El Kyosaku como recordatorio

El Kyosaku es un recordatorio importante para regresar a la práctica. Igualmente, cuando escuchas que alguien está siendo golpeado, puedes usar esa experiencia como un recordatorio para volver a contar tus respiraciones o volver a tu koan. Cuando alguien tose, se mueve, entra o sale, un pájaro canta afuera, un animal grita, la lluvia comienza o termina, el viento suena al pasar por los árboles, las piernas te duelen, todas estas experiencias sensoriales pueden recordarte que debes volver a la práctica.

El centro de entrenamiento Zen en Japón no es a prueba de sonidos; está completamente abierto a los elementos naturales. Cuando hace frío, hace frío, cuando hace calor, hace calor. Cuando vienen los mosquitos, los monjes pueden encender un repelente, pero los mosquitos pican de cualquier modo. Cada suceso natural se puede usar como recordatorio para detener la dispersión, detener el sueño, interrumpir las fantasías, los planes, detener todo y volver a la práctica.

Algunos sonidos, sin embargo, son muy perturbadores. La voz humana, incluso un susurro, puede sacudir nuestra concentración. Sonidos de gente moviéndose en otra habitación, cuando sabes que *ellos saben* que estás haciendo zazen, también pueden ser muy molestos. La televisión y la radio son distracciones desagradables. Cuanto más silencioso sea tu lugar, mejor. Entonces los sonidos naturales serán una ayuda natural para tu práctica.

El Kyosaku en sí mismo

En términos de la práctica, el Kyosaku y todas las experiencias sensoriales son recordatorios para volver al ejercicio de tu zazen, pero fundamentalmente esas experiencias sensoriales son plenas y completas en sí mismas. Cada contacto, cada sonido, cada rama que ves ondulando con el viento, es una presentación plena y completa de sí misma, sin faltar nada y sin dejar aparte nada. Hay un rastro de implicación, de sentido, en el uso de una experiencia como recordatorio. Mas para el Buda la estrella de la mañana fue sólo esa estrella en sí misma. Luego, él pudo decir que todos los seres y todas las cosas son completas en sí mismas. ¿Cuál es el significado del grito de un pájaro? «¡Chi! ¡Chi! ¡Chi! ¡Chichichichichi!». Esa es tu estrella de la mañana.

El siguiente paso

Ahora te pido experimentar de un modo diferente el contar las respiraciones. En vez de contar ambas, inhalaciones y exhalaciones, sólo cuenta las exhalaciones del uno al diez. En las inhalaciones, mantén tu mente firme y serena.

Esta nueva práctica te demostrará la importancia de la exhalación. Por un lado, puedes asentarte con la exhalación. Puedes considerarla como un suspiro. Por otro lado, la exhalación está orgánicamente relacionada con la acción. Percibe cómo el maestro de *Kendo* (esgrima japonesa) grita cuando golpea. El sonido no es tan importante para nuestros propósitos. Es la unidad de exhalación y acción la que instruye. Probablemente la actividad mental también está relacionada con la exhalación. Tu acto mental consiste en aquietar tus pensamientos y tu acto físico es asentar la tensión corporal mientras te vuelves íntimo con tu acción de contar. Al principio esto parece mecánico, pero pronto será natural.

CAPÍTULO 4

Pensamientos ilusorios y trampas

*Todo cae bajo la ley del cambio
como un sueño, un fantasma,
una burbuja, una sombra
como rocío o un fulgor de relámpago;
así debes contemplar*

Este poema viene al final del Sutra del Diamante, y se refiere no sólo a la brevedad de la vida, sino a su forma misma, en cada momento. No es sustancial; de hecho, como dice el Sutra del Corazón, es vacío[17].

Ya que la doctrina budista de la vacuidad no se puede comprender de manera intelectual, es muy común interpretarla erróneamente. Algunos estudiosos budistas se limitan a explicarla simplemente como lo último de la impermanencia: «Cuando dices ahora, ya ha pasado». Pero esto no es lo último.

Vacuidad es simplemente un término que usamos para expresar aquello que no tiene cualidad y no tiene edad. Es completamente vacío y al mismo tiempo plenamente potente. Puedes llamarlo naturaleza búdica, naturaleza propia, naturaleza verdadera; pero tales palabras son solamente títulos o indicadores.

La forma es vacío y, como también dice el Sutra del Corazón, el vacío es forma. La infinita vacuidad del universo es la naturaleza esencial de nuestra vida cotidiana: llevar un negocio, cuidar a los niños, pagar nuestras deudas y otras actividades comunes.

Al caer en la cuenta de todo esto, comprendemos que somos sólo un montón de percepciones sensoriales, con la sustancia de un sueño o de una burbuja sobre la superficie del mar. La vanidad de la autopreocupación tan común se vuelve clara, y nos liberamos de intereses egoístas en nuestro disfrute del universo tal como es, y de nuestras propias profundidades anteriormente insospechadas.

La mente está completamente en paz. Nada la ocupa emocional o conceptualmente. En ese lugar de descanso, no estamos atrapados en el caleidoscopio de los pensamientos, colores y formas tal como aparecen, y así nuestras reacciones dejan de ser egocéntricas. Somos libres de aplicar apropiadamente nuestra humanidad, en el contexto del momento, de acuerdo con las necesidades de la gente, animales, plantas y cosas a nuestro alrededor. Somos independientes y decidimos: «Haré esto; no aquello». Este sentido de proporción se llama «compasión», una palabra que significa originalmente «sufrir con otros». «Yo soy lo que está a mi alrededor», como dijo Wallace Stevens en un poema. Así puedes ver que iluminación y amor no son dos cosas.

El zazen es la manera fundamental de cultivar la iluminación y el amor. Cada respiración es el vacío en sí; cada respiración es apropiada. En los periodos de zazen nos dedicamos totalmente a nuestra práctica. En esta situación de absoluta claridad encontramos nuestras ilusiones egocéntricas en su forma más penosa, no diluidas por las condiciones usuales de la vida. Al regresar a nuestra práctica cuando surgen esos pensamientos ilusorios, nos entrenamos en elegir lo que es fundamentalmente apropiado, y aflojamos las ataduras que nos unen a nuestras ilusiones engañosas.

Tipos de ilusiones engañosas

En esta sección me gustaría describir los tres tipos de ilusiones engañosas que casi todos encuentran tarde o temprano en la práctica Zen. No creas que el término «ilusiones engañosas» se refiere a algo pecaminoso o dañino. Un pensamiento ilusorio, en este sentido, es simplemente una distracción de la senda de la iluminación y la compasión.

1. *La persecución de una fantasía.* La primera de las tres clases de pensamientos ilusorios que nos atacan más a menudo es la de perseguir una fantasía. En realidad, existe la cuestión de quién está persiguiendo a quién. La fantasía persigue al estudiante, o al menos a menudo parece ser así.

   Cuando estás atrapado en esos pensamientos ilusorios, planeas, haces esquemas, te cuentas historias, o recuerdas en detalle un suceso pasado. Siempre es nuestro ego el que está en el centro de esas actividades mentales. Estos pensamientos tienen su lugar apropiado en la vida cotidiana, pero están fuera de contexto mientras estás sentado en zazen.

   No es tarea fácil liberarte de esos pensamientos ilusorios. No tendrás éxito si sólo tratas de bloquear tus pensamientos. Porque estás tratando de bloquearte a ti mismo, terminarás cansándote y la fantasía estará tan viva como siempre.

   Es importante sentarse con una mente totalmente abierta, tan abierta como el aire. Cuando hay un leve sonido, simplemente déjalo pasar. Nota que si estás absorto en la fantasía, estás encerrado en ti mismo. No oyes ese pequeño sonido. Si estás contando tus respiraciones con una mente pura, estás completamente abierto.

   Cuando estás atrapado por pensamientos ilusorios, en

ese momento, te ocuparán completamente. Pero cuando se desvanecen, te darás cuenta de que has estado vagando extraviado, y podrás entonces volver a contar la respiración, o a trabajar con el koan.

Perseguir deliberadamente una fantasía es la *bête noir* del zazen. Dices: «Voy a dejar mi práctica a un lado por un rato y pensar en otra cosa». Una vez conocí a un hombre que usaba momentos de zazen para pensar en sus problemas de negocio. Finalmente dejó de acudir a las reuniones. Quizás resolvió todos sus problemas. Si sigues ese camino estás formando malos hábitos, y tendrás que romperlos algún día si deseas aquietar tu mente. Por lo tanto, es mejor no formar estos hábitos.

Hay un tiempo para trabajar en tus preocupaciones personales, sociales o financieras, pero no mientras practicas zazen.

2. *Divagaciones*. La segunda clase de pensamientos ilusorios durante zazen son las divagaciones. Esto también puede ser un proceso creativo durante el tiempo libre, pero en tu cojín no es más que una separación de la práctica. Vagas a la deriva y sueñas llevado por el flujo de las imágenes, la música, los recuerdos y las fantasías. Quizás no te estés esforzando en esos fragmentos de actividad mental; no necesariamente serán coherentes. A menudo ocurre que estás contando tus respiraciones o trabajando tu koan mientras esos pensamientos charlan ociosamente al fondo.

Cuando comienzas tu práctica, y quizás por un tiempo largo, el ruido de fondo en tu mente será más bien una distracción. Eso no tiene remedio. Pensar es una función del cerebro y no estás tratando de cancelar esa función. Estás tratando de invertir (tus esfuerzos) en tu práctica. Al hacerlo, tus divagaciones morirán gradual y naturalmente.

Como decía Yasutani Roshi, hay gente que ha hecho zazen durante algunos años y que piensan que el objetivo es aquietar sus pensamientos. Si llegáramos a eso, aquietaríamos también nuestra creatividad, y ¿desde dónde vendría entonces el despertar? Nos volveríamos zombies, lo que ciertamente no es nuestro propósito. Nuestro objetivo es ser «uno», ser «dos», etc., mediante el contar nuestras respiraciones. Esta práctica en realidad agudiza nuestra habilidad de pensar claramente y alienta un vivo despertar.

3. *Makyo.* La tercera clase de pensamientos ilusorios es el *makyo*, «visión misteriosa». Es una experiencia de sueño profundo que puede implicar una visión dramática, una sensación de distorsión corporal o, menos comúnmente, una sensación de oír u oler algo que no existe.

Flora Courtois, en su libro *An American Woman's Experience of Enlightenment*, describe vívidamente varios makyo, uno de los cuales ilustra este fenómeno:

Vino una escena como de un tiempo incalculablemente remoto y primitivo. Yo pertenecía a una pequeña familia de cavernícolas. Todo era oscuro en nuestra vida y a nuestro alrededor. La cueva era un lugar seguro, para protegernos de lo que yo sentía como un mundo exterior hostil. Gradualmente, sin embargo, encontramos dentro de nosotros el coraje para aventurarnos juntos a buscar un lugar más abierto, más luminoso. Ahora nos encontrábamos en una planicie grande, abierta y luminosa que se extendía en todas direcciones y donde los horizontes parecían llamarme con posibilidades secretas.[18]

Para la señora Courtois, éste fue el punto transformador en su práctica. Los otros miembros de su familia, y en realidad la mayoría de la raza humana, volvieron a la cueva dejándola partir sola.

No todos los *makyo* tienen esta riqueza de detalles, pero todos ellos son vívidos. Una estudiante me contó que una bandada de palomas blancas descendía dentro de su cuerpo. En mi makyo más significativo yo estaba en un templo antiguo. Sus pilares de piedra se alzaban hacia un techo sumamente alto. Yo estaba sentado en el suelo de piedra y unos monjes muy altos vestidos con hábitos negros caminaban a mi alrededor recitando sutras. Como todos los makyo profundos, esta experiencia fue acompañada de un fuerte sentimiento de estímulo.

Yasutani Roshi señala que ciertas religiones le dan una gran importancia al makyo. Las visiones y las voces celestiales se consideran como signos de iluminación y salvación. Hablar en lenguas es una clase de makyo. Los viajes astrales con todas sus variantes, son un makyo elaborado. Estos fenómenos pueden ser de interés general, porque revelan el rico potencial de la experiencia humana, pero revelan muy poco acerca de la verdadera naturaleza de aquél que los experimenta.

En el Zen, los makyos son un signo de que estás progresando en tu práctica. Has pasado más allá del estado superficial de pensar esto o aquello. Ya no estás en el mundo cotidiano de los pensamientos ilusorios y te servirá de estímulo saber que si te mantienes seriamente en tu práctica no tardarás en caer en la cuenta de tu naturaleza verdadera. El Buda mismo tuvo visiones de bellas mujeres, ángeles y diablos mientras estaba sentado bajo el árbol Bodhi. Por otro lado, algunos estudiantes completamente maduros nunca han tenido makyo, así que no es un requisito para el despertar. Si lo experimentas, sin embargo, sabrás que estás caminando cerca de tu verdadero hogar y que, entonces, es importante dedicarte con todas tus fuerzas a la práctica.

He escuchado a algunos estudiantes Zen, que realmente deberían saber mejor las cosas, describir un makyo como algo final. En un sentido esto es verdad, pero por favor, ten cuidado. «La voz de Dios» es la voz de tu propia psique en su lugar presente. Puede mostrar que estás cerca, pero eso es todo.

Siempre cuenta tu makyo a tu maestro, pero no trates de cultivarlo, porque son espontáneos y no se pueden crear a voluntad. Cuando ocurren, déjalos ir, como lo harías con cualquier otro pensamiento ilusorio. Cada momento en el que vuelves a tu práctica refuerzas en tu conciencia la importancia del entrenamiento. No importa cuán interesantes y alentadores sean los pensamientos o makyos, siguen formando parte de la limitación del mundo fenoménico.

Nuestro estado de ánimo

Un autoengaño específico consiste en la preocupación por nuestro estado anímico. Es una cuestión importante y merece tratarse detalladamente. Antes que nada, debemos darnos cuenta de que muchas de las cosas que nos perturban parecen originarse en circunstancias externas pero en realidad están enraizadas en nuestro interior. Un ejemplo es la ira que expresan los ancianos o los que padecen alguna enfermedad.

Durante el sesshin y en un centro de práctica suele haber en todo momento cierta cantidad de tensión. Las comidas son ligeras; el sueño es breve; el zazen es un trabajo duro, y las condiciones de vida se comparten con mucha gente. Uno se siente bastante sensible, casi transparente. Un cúmulo de sentimientos, que de otro modo pasan inadvertidos, o están cubiertos, se manifiestan súbitamente, quizás con gran virulencia, y se adhieren a las circunstancias. Puedes sentir que alguien está tratando deliberadamente de molestarte con su movimiento o con su tos. Puedes desconfiar del monitor o del maestro, y estar convencido de que no son amables, o de que piensan que eres un caso perdido. Puedes llegar a sentir un fuerte rechazo contra el entrenamiento o el horario. O quizá un enojo largamente reprimido con los familiares puede surgir súbitamente, como el fuego en un bosque, consumiendo toda tu energía.

Tal vez sea saludable que tales sentimientos surjan a la conciencia. Puede que no sea posible volver al ejercicio del contar cuando los descubres. Quizá son demasiado poderosos, y sobrepasarán tus esfuerzos por ignorarlos. Debes trabajar con ellos, pero ¿cómo?

Una manera es ir junto a ellos: «Mi maldita madre» se vuelve entonces meditación. Esto no es adecuado. Mejor sería reflexionar: «Estoy enojado con mi madre». Tomar conciencia de tus sentimientos y reconocerlos es un paso para hacerte responsable de ellos, y reflexionar: «Este enojo viene de mí». Cuando aceptamos los sentimientos con todo el corazón, entonces es posible volver a contar.

Igualmente, si te molestas cuando tu vecino en el dojo está moviéndose inquieto, será fácil volver a tu práctica si buscas el verdadero origen de tu enojo. Tu compañero del Zen está pasándolo mal, debido a un dolor físico o a un ataque de angustia. ¿Por qué eres tan poco comprensivo? Por otro lado, el monitor, sin duda, está pendiente y advertirá al inquieto en el momento apropiado. No es necesario que te preocupes por esto.

La ira es un tipo de estado de ánimo. La dicha es otro. La sensación de «transparencia» es otro más, la somnolencia otro, etcétera. Estos estados son sólo olas superficiales del mar de tu mente. Son el contexto de tu práctica. Cuando estás enojado, tendrás un zazen molesto. Simplemente sigue contando tus respiraciones, simplemente sigue trabajando en tu koan, en ese sentimiento. Cuando estás en un estado de dicha, tendrás un zazen dichoso. Cuando te congratulas a ti mismo por tu estado de dicha, ésta desaparece instantáneamente. Es simplemente la naturaleza de la sombra que es tu entorno.

Cuando estás somnoliento, ten un zazen somnoliento. La somnolencia está de algún modo relacionada con un zazen profundo, porque en ambos momentos la corteza cerebral está más quieta que lo usual. Los makyos aparecerán repentinamente. El momento de caer en el sueño o de despertar puede ser el momento del despertar para el estudiante maduro. No luches. Durante los periodos de zazen, siéntate con esa somnolencia, cada vez que cabeceas, vuelve tranquilamente sin esfuerzo.

A veces puedes romper el estado en el que estás si te lavas la cara entre los periodos de zazen, o tomando agua. Sin embargo, a veces no hay mucho que hacer, y quizás pasará una mañana o un día entero durante el sesshin en que un estado determinado es especialmente vívido. Pero al final se irá. Incluso un dolor ligero desaparece durante el sesshin cuando entras en un estado más profundo. Es como tener un sueño persistente en la noche; cuando llega la luz del día, el sueño ya no está allí.

Pensar también es un estado. Siéntate en el marco de tus pensamientos. Tus pensamientos son el entorno de tu zazen, tanto como tu habitación y la televisión en la puerta de al lado. Siéntate con esos pensamientos y no les permitas gobernarte. Cuenta «uno», «dos», «tres», y todas las distracciones carecerán de importancia. Tú no estás, fundamentalmente, buscando un «buen estado de quietud», o evitando «el mal estado» de ruido.

Comúnmente, el maestro zen se encontrará con preguntas que revelan una preocupación con el *samadhi* o la cualidad de la meditación. Con la cuidadosa lectura de la literatura Zen en inglés encontrarás maestros que recomiendan varios métodos para alcanzar el samadhi. Respirar de un cierto modo, centrar la mente en el bajo vientre, y así. Por supuesto, por un lado el zazen en sí mismo es un método de entrar en samadhi, pero debe ser claramente comprendido, de una vez y para siempre, que el samadhi no es el propósito completo de nuestra práctica. Es más preciso decir que nuestro propósito es responder a las preguntas de Paul Gauguin: «¿De dónde venimos? ¿Quiénes somos? ¿Adónde vamos?». O decir que zazen es su propio propósito.

Creo que el modo correcto de responder a la mayoría de las preguntas acerca del samadhi es alentar al estudiante a volverse uno con la práctica, a respirar la cuenta o el koan, a hacer que el contar haga el contar, que el koan trabaje sobre el koan. No hay un modo especial de dirigir nuestros músculos para hacer esto, excepto relajarnos dentro de una postura correcta y permitir al vientre colgar hacia fuera de manera natural.

Mi propia experiencia con el entrenamiento Zen, que abarca más de treinta años, es que el énfasis que pone un maestro en el samadhi está a menudo en proporción inversa al énfasis en el despertar.

Dolor

Yamada Roshi dice: «El dolor en las piernas es el sabor del Zen». A veces agrega, mirando a sus estudiantes con una sonrisa: «Me pregunto si saben lo que quiero decir». Todos lo saben. Todos sienten dolor durante el sesshin. El dolor merece una sección especial en este capítulo.

La primera verdad que dijo el Buda es que la vida es sufrimiento. Tratar de evitar el sufrimiento conduce a un mayor sufrimiento. Duele enfrentar la brevedad de nuestra vida, y bebemos alcohol en exceso para evitar ese dolor, causando así más dolor. Duele compartir, y así creamos pobreza y guerra para proteger nuestra cómoda codicia.

Duele estirar los músculos de las piernas, pero si evitamos ese dolor, sufrimos el dolor de no ser capaces de hacer zazen. Todos somos distintos físicamente, y algunos no pueden esperar sentarse nunca en un cojín (*zafu*). Está bien; siéntate en el límite de tu resistencia física y estarás haciendo verdadero zazen, aunque lo hagas en una silla.

Algunas personas se miman. En el dojo veo practicantes de los viejos tiempos, aunque jóvenes de edad, sentándose todavía en seiza como práctica regular, o todavía cambiando del cojín a la silla y al revés. En el caso de quienes tienen problemas de salud, esto es comprensible, pero donde hay resistencia física, hay resistencia espiritual.

Por supuesto, la práctica del Zen no pretende crear samuráis. No se trata de ser héroes lisiados. Una vez asistí a un sesshin en el que el maestro imponía resistencia a sus estudiantes. Nos sentábamos por periodos de una hora y cuarenta y cinco minutos. Dos personas dañaron los nervios de sus piernas. Esto es atroz.

Encuentra el camino medio. Cambia tu posición a seiza al comienzo de un nuevo periodo de zazen a manera de descanso, o cámbiate a una silla en ese momento.

Si el dolor se vuelve muy intenso durante un periodo, baja tu pie desde el medio loto a la posición birmana. Pero continúa esforzándote un poco. Si una de tus rodillas no llega a tocar la funda (*zafuton*), coloca un pequeño cojín debajo de ella. Hazlo lo suficientemente delgado como para que continúes estirando los músculos y ligamentos poco a poco.

Cuando sientas dolor, vuelve a contar las respiraciones, justo como lo haces cuando notas que estás pensando en otra cosa.

Pero así como el enojo o el dolor emocional pueden ser

tan fuertes que es imposible ignorarlos, también el dolor físico a veces aplasta la práctica. En tal caso, vive ese dolor por un rato, reconócelo como tuyo. Relájate dentro de él. Cuando ceda, retorna a contar.

Una de las *paramitas*, o perfecciones, es la perfección de la paciencia o la renuncia. Todos los paramitas, como el abandono, la sabiduría, etc., son características del Buda. La naturaleza búdica inspira y espira, pero está siempre en calma. El sosiego es la esencia de la paciencia. Cultiva el sosiego.

El alma enferma (la noche oscura)

Un comentario más sobre los estados de ánimo se refiere a lo que William James llamó «el alma enferma», lo que San Juan de la Cruz llamó «la noche oscura del alma» y lo que David, el salmista, llamó «el valle de la sombra de la muerte». Se trata de la experiencia del desierto espiritual donde no hay humedad, no hay sustento. Es el ataque supremo de los «¡Bah!». Nada parece tener significado o valor. Todo lo que nos parecía pleno de sentido hasta el momento, ahora parece absurdo. El estudiante se siente pesimista y desalentado.

Esta condición puede ser simple pesimismo crónico: el o la estudiante es extremadamente autocrítico, excesivamente idealista, y quizá perfeccionista en cuestión de pureza personal. Los maestros pueden entonces únicamente alentar a los estudiantes a reconocer que son seres humanos con una cierta capacidad, justo como todos los Budas y maestros del pasado fueron individuos con capacidades propias y únicas. Pero la persona –o la personalidad– es el «agente» del despertar. En un sentido, lograr el despertar es cuestión de apreciar plenamente a su «agente». El odio a sí mismo y el rechazo de sí mismo son callejones sin salida para el estudiante Zen.

Por otro lado, el alma enferma puede muy bien ser una condición que precede directamente la experiencia del despertar; es en sí misma una clase de experiencia religiosa. No es una experiencia feliz. Como señala David en el salmo 23, requiere una gran confianza y coraje para seguir haciendo esfuerzos con el fin de progresar. El cristiano y el judío ponen su fe en Dios al encontrarse en este lugar solitario. Los estudiantes Zen se sienten aún más solos y tienen que perseverar en su práctica apoyándose únicamente en su confianza en el proceso del zazen. El alma enferma en realidad se va a transformar en la gran muerte, el paso que uno da al morir a sí mismo, que supone al mismo tiempo renacer en la experiencia del despertar. En el desierto del alma enferma, es importante mantener la práctica, soltar el desierto, soltar al alma enferma. Simplemente continúa en el mismo modo en que has seguido tu trabajo Zen hasta ahora. Entrégate a la práctica tanto como puedas. Olvídate a ti mismo al contar las respiraciones, vuélvete uno con el koan.

Problemas personales

La preocupación por problemas personales es otra clase de ilusión o engaño a la que muchos estudiantes Zen tienen que hacer frente. Tal preocupación se puede tratar de tres maneras: primero, se pueden ignorar los problemas. Esto parece más bien simplista, quizás, pero es verdad que si alimentamos nuestros problemas al darles atención, crecerán y florecerán. A menudo el problema está sólo en nuestra cabeza.

Creo que fue Josh Billings el que dijo: »Soy un hombre viejo y he tenido muchos problemas, muchos de los cuales nunca sucedieron«. Trata el problema como lo harías con cualquier distracción en tu zazen: déjalo pasar. Únete a tu práctica y deja que se vaya el problema.

Aun así, el problema puede ser demasiado persistente como para ignorarlo. Quizás puedes dar pasos prácticos para resolverlo. Háblalo con un amigo de confianza, escribe la carta necesaria, haz la llamada telefónica necesaria, o procura trabajar con un libro como *Focusing*[19]. Mira el problema de forma diferente, y tal vez su causa oculta surja y te sorprenda.

A veces el problema no se va cuando lo ignoras o incluso cuando das los pasos prácticos para resolverlo. Si interfiere seriamente con tu práctica, puede ser necesario que busques ayuda profesional. Espero que el terapeuta simpatice con el zazen. Quizás este tratamiento psicológico puede ir paralelo con el zazen. Quizás haya que dejar el zazen durante algún tiempo.

Duda de uno mismo

El perfeccionismo puede evocar la pregunta: «¿Soy lo suficientemente sincero para hacer zazen?». Yasutani Roshi dijo: «Cinco por ciento de sinceridad es suficiente para comenzar. Si fueras completamente sincero en este momento, estarías iluminado». La sinceridad aumenta, como todo en nuestra práctica. Es inútil culparnos a nosotros mismos por ser humanos.

Puede que a veces sientas que tu zazen es peor de lo que fue unos meses antes. Esto puede ser verdad; el zazen es un camino en zig-zag, pero sólo cuando se juzga en términos de samadhi, de una mente tranquila o una concentración de espíritu. Puedes tener confianza en que estás madurando todo el tiempo. Aun así, puede ser que tu memoria esté jugando algunas triquiñuelas contigo. El entusiasmo que sentiste al comienzo de tu práctica se ha gastado y te has quedado con la realidad del entrenamiento difícil. O tal vez ahora eres más sensible a las distracciones y la mente ruidosa te distrae mucho. Esta clase de temor es sólo otra preocupación por los estados de ánimo. Apártalo y vuelve a tu práctica.

Zazen para personas casadas

Si uno de los esposos no está interesado en hacer zazen o en alguna clase de práctica de meditación, ambos deben tener especial cuidado y no permitir que esto se convierta en un elemento de división. Cualquier separación por algo que requiere un esfuerzo personal puede ser una amenaza. Cuando sólo un miembro de la pareja está interesado en el Zen, podrá renunciar a un poco del tiempo del zazen para dedicarlo a las actividades familiares.

La persona de la pareja que no está interesada no debe sentirse empujada a hacer algo (zazen) que parece una violación de convicciones profundas. Puede parecer que se están violando las doctrinas humanistas, judías o cristianas al principio por la práctica del Zen. Tal vez lleve meses, o incluso años, para aprender que eso no es así. Los maridos y esposas que terminan haciendo zazen después de un tiempo, lo hacen convencidos por los cambios de su pareja, no por coacción.

Los que no están interesados en practicar zazen deben ser bienvenidos a todas las actividades sociales de la Sangha. Esto demostrará que el maestro y los otros estudiantes no son tan peculiares después de todo, y se suavizarán las dudas y temores.

Niños

Los niños desearán imitar a sus padres y hacer zazen con ellos. En Japón, los padres han aprendido a no alentar esto. A los niños les enseñan cómo hacer gassho e inclinarse delante del altar, y les leen historias de Buda. Pero durante el zazen están o bien ya durmiendo o se les manda a jugar fuera. El razonamiento es que no puede haber interés fundamental en el zazen hasta después de la pubertad. Si el niño muestra interés, será sólo por periodos breves. Si se sienta veinticinco minutos puede desarrollar resistencias que tal vez bloqueen su interés en la práctica más tarde.

Así, si tus niños muestran interés, explícales que pueden sentarse contigo si lo desean, pero que no deben sentir ninguna compulsión. Diles que pueden venir y sentarse en cualquier momento, e irse en cualquier momento. Si preguntan sobre tu práctica, háblales de contar las respiraciones, pero no hagas de esto una gran cosa. Ellos deben sentir que son libres de intentarlo. Si eligen no sentarse, dedícales especial atención una vez que hayas terminado, y así sentirán que está bien el no haberlo hecho. Los niños también deben ser bienvenidos a los encuentros sociales de la Sangha. A los niños les gustan los rituales, de modo que además de enseñarles el gassho y a ofrecer incienso y flores, su educación religiosa puede incluir un pequeño *gatha* antes de la comida, por ejemplo:

> *Veneramos los Tres Tesoros*
> *y agradecemos este alimento,*
> *que es el trabajo de mucha gente*
> *y el compartir otras formas de vida.*[20]

Se habla de los Tres Tesoros en el capítulo 6.

El siguiente paso

Me gustaría que practicaras ahora con un nuevo modo de contar las respiraciones. Has estado contando las exhalaciones, manteniendo tu mente firme y silenciosa en las inhalaciones. Trata de invertir el proceso. Cuenta las inhalaciones solamente y mantén tu mente silenciosa en la exhalación. Esto es menos natural, ya que tus acciones mentales y físicas están generalmente relacionadas con las exhalaciones, pero te dará un nuevo punto de vista sobre la concentración meditativa. Después de todo, inhalas la mitad de tu vida. Inhala hacia dentro «uno», inhala hacia dentro «dos», y así hasta «diez».

CAPÍTULO 5

Actitudes en la práctica religiosa

La palabra Zen es la pronunciación japonesa del chino «Ch'an», que a su vez es una abreviatura de «Chaan-na», que es como los chinos pronuncian *Dhyana*, la palabra sánscrita que significa «meditación». Así podemos decir: Zen significa meditación y el camino del Zen es el camino de la meditación. En ese sentido, el Zen resulta realmente libre de cualquier limitación sectaria.

En sus «Charlas introductorias», Harada Roshi cita los «Cinco tipos clásicos de Zen» y sus sucesores han seguido su ejemplo. Aun así, este catálogo tiene una cualidad arbitraria, que es común a muchos sistemas de clasificación precientíficos, e incluye errores en la clasificación. Esto es, los parámetros establecidos no son lo suficientemente claros como para ayudar a separar las distintas categorías. De hecho, una de las categorías es simplemente todo lo que no es budista, un cajón de sastre demasiado ambiguo para ser útil.

Lo que es más, mientras Harada Roshi intentó mostrar que el Zen no está limitado a una cierta tradición japonesa-china-hindú, aun así, el amplio uso de Zen para designar el camino de, por ejemplo, *Ramana Maharshi* o *Inayat Khan* parece muy presuntuoso. Si usamos la palabra Zen para describir las enseñanzas de tales maestros, pareceremos, al menos, estar marcando a todos con nuestro propio pincel.

O sea que, con todo respeto a mis maestros, dejaré a un lado los «tipos de Zen» y, a la vez, voy a tratar de decir algo sobre las actitudes que se encuentran generalmente en la práctica religiosa. Mi propósito, como siempre, es presentar al Zen como una opción entre muchas y si alguna vez parece que estoy haciendo comparaciones odiosas, será por mi ignorancia de otras sendas, y no porque quiera mostrar al Zen con tal brillantez.

La actitud humanista

En primer lugar quiero tratar la actitud que se considera como humanista. Es religiosa, ya que guía a la gente en un camino de vida, pero no tiene conexión con la religión formal. Un ejemplo sería «Seiza Shiki», «el sistema de sentarse en quietud». Describí seiza en el capitulo dos como la postura de sentarse sobre un cojín con las piernas dobladas hacia atrás, o sea que los pies están a cada lado del cojín. Esta postura tiene su origen en el modo común de sentarse sobre el tatami en Japón; de hecho otro nombre para seiza es *Nihon-za*, o el «sentarse de forma japonesa». En la «Seiza-shiki», la gente se sienta del modo japonés sobre una funda (*zafuton*), pero sin cojín, con los pies bajo sus nalgas. Hay grupos de personas que se juntan para practicar seiza en común en ciudades y pueblos a lo largo de todo Japón. Ves también gente en los trenes, el autobús y las salas de espera sentadas tranquilamente con los ojos mirando hacia abajo y el rostro sereno. En Seiza-Shiki se aconseja hacer más lentas las exhalaciones y enfocarse en la respiración, centrándose en el bajo abdomen. Los japoneses se sientan de este modo y dicen que es muy bueno para la salud.

Seiza es la postura que se adopta para realizar varias artes en Japón: caligrafía, ceremonia del té, arreglo floral, entre otras. De hecho, el zazen se enseña como arte corolario en algunas escuelas de ceremonia del té. Muchos maestros de artes marciales como el *karate* y *aikido* sientan a sus alumnos en seiza o en la postura del loto durante un rato antes de trabajar en el gimnasio. La idea parece ser que si los estudiantes calman sus mentes fortalecerán su *ki*, o espíritu, el elemento vital de tales actividades marciales.

El ejército japonés ha usado desde hace tiempo la postura seiza para propósitos disciplinarios, tanto como una madre de Occidente castigaría a su niño en un rincón. En años recientes, los penalistas japoneses han desarrollado un sistema de corrección del carácter usando el seiza con temas asignados de piedad filial.

En mi limitada experiencia en los monasterios budistas Zen en Japón, he conocido a monjes que se han afeitado la cabeza y hecho votos por una variedad de razones humanísticas que sólo se pueden llamar terapéuticas. Supe de un monje que quería cuidar su asma, otro que deseaba corregir una tendencia a la cleptomanía, y uno que había sido maestro de caligrafía que no estaba conforme con el carácter que revelaba su propia caligrafía. Este último dejó su carrera y su familia y se entrenó como monje durante ocho años en el monasterio Ryutaku, en Mishima. Cuando sintió que ya estaba maduro volvió con su familia y a su puesto de enseñanza en el colegio.

Bien, esto sucede en Japón. En Occidente la gente llega al Zen con múltiples actitudes y propósitos, muchos de ellos no precisamente religiosos. La distinción humanista-religiosa es básicamente falsa: una distinción más precisa sería «superficial-profunda», y, al fin y al cabo, ninguno de nosotros comienza muy profundamente con la práctica.

La actitud escatológica

La escatología trata de la muerte y la vida posterior. La actitud escatológica se ocupa del tiempo futuro y de la práctica necesaria para asegurar que ese tiempo futuro sea positivo. Dependiendo de la tradición, ese tiempo futuro puede extenderse sin fin, vida tras vida.

Una vez encontré un maestro budista tibetano que había llegado recientemente a Occidente. Había oído del Zen y tenía muchas preguntas al respecto. «¿Qué clases de ejercicios de visualización practican ustedes en el Zen?», preguntó.

Le expliqué que en la meditación Zen comenzamos por contar la respiración y luego, si es apropiado, proseguimos con el trabajo de un koan.

«¿Qué es un koan?», preguntó.

Le dije: «Cuando el Buda se iluminó, exclamó, 'Ahora veo que todos los seres son el Tathagata'. ¿Qué entendió él por esto?»

«Entendió que todos los seres tienen en sí mismo la semilla de la Budeidad»[21].

Tener la semilla de la Budeidad no es lo mismo que ser Buda desde el principio mismo. En la tradición tibetana de este maestro, uno cultiva el desarrollo de la Budeidad. En el Zen practicamos para caer en la cuenta de lo que siempre ha sido verdad. Desechamos conceptos y fijaciones, ilusiones y apegos, y como lo dice Hakuin: «Nirvana está justo aquí, delante de nuestros propios ojos[22]».

Ambos senderos requieren tiempo y esfuerzo, pero los propósitos y actitudes son muy diferentes.

Otro ejemplo de la actitud escatológica se encuentra en las enseñanzas de Jodo Shinshu, una de las corrientes del budismo de la *Tierra Pura* de Japón. El seguidor común de Shinshu canta la veneración de Amitabha Buda, el Buda de Vida y luz infinita, «Namu Amida Butsu», creyendo que Amida o Amitabha llevará al seguidor a la Tierra Pura después de su muerte. Muchos cristianos pueden ver aquí similitudes con su propio camino.

El ideal Arhat

En el budismo del sur y sureste de Asia, el *Arhat* es el ideal humano último, el ermitaño iluminado, quien en las palabras de Wumen (Unmon), «camina el universo en soledad»[23]. Este estado ilustra un aspecto de la más profunda experiencia:

Un monje preguntó a Baizhang Huaihai (Hyakujo Ekai): «¿Qué produce un gran asombro?»

Pai Chang dijo: «Sentarse solo en la punta de la montaña Ta-Hsiung».[24]

La punta de la montaña Ta-Hsiung era el sitio donde estaba el monasterio de Baizhang (Hyakujo). Yasutani Roshi, al comentar esta historia, señala que Baizhang (Hyakujo) estuvo siempre solo. Caminaba solo, reía solo. En contraste, el otro aspecto de la más profunda experiencia es la completa unidad con la totalidad del universo como es presentado por la figura del Bodhisattva, el ideal del budismo del Norte, quien sacrifica su propia iluminación por los otros. Baizhang (Hyakujo) expresó su espíritu de Bodhisattva, por su respuesta instructiva al monje, una respuesta que puede iluminarnos a todos nosotros.

No debemos confundir la posición del Arhat con la ilusión común. Por supuesto que el Arhat sabe que él o ella es uno con todas las cosas. Su posición es sólo una parte de la verdad, como la posición de Bodhisattva es la otra parte. Fundamentalmente, los dos aspectos son uno; y ni siquiera uno.

La ilusión común es la posición del egocentrismo, donde

yo te uso a ti. El industrial dice: «Yo puedo usar a esa persona». El empleado dice: «Yo puedo usar a esta compañía», y así perpetúa el sistema. El curioso puede decir en un centro de entrenamiento: «Quiero hallar un buen lugar para hacer zazen». Es una afirmación natural e inocente, pero expresa un interés egocéntrico. Sin embargo, después de haber practicado durante algún tiempo, esa persona puede decir: «Quiero ayudar a hacer de este lugar un buen lugar para hacer zazen».

El budismo que idealiza al Arhat, el budismo de Sri Lanka, de Birmania, Thailandia, y otros países del sudeste asiático, ha sido llamado *Hinayana*, o «pequeño vehículo». La doctrina ha sido mal comprendida, ya que se interpreta como que debes interesarte sólo por tu propia emancipación. Esta idea es contrastada entonces con el *Mahayana*, «gran vehículo», en el cual la gente está interesada en la emancipación de todos los seres del universo. Estos términos odiosos fueron inventados por personas del Mahayana, quienes por esto mismo quisieron ilustrar la mezquindad de hacer alarde de la propia generosidad.

Como hemos visto, el Arhat sabe muy bien que el ser es uno con todas las cosas. Este punto se mantiene en los países del budismo del Sur, en Sri Lanka, por ejemplo, donde dos de las principales universidades del país son dirigidas en su totalidad por monjes budistas. Los hospitales y orfanatos son también budistas. El Saruodaya Shramadana, un movimiento de desarrollo de los pueblos que se aplica en toda la nación, está basado en principios budistas.

En Thailandia existen también movimientos similares, mientras en Japón, un país Mahayana, los programas de ayuda social budista son casi inexistentes. En líneas generales, las universidades budistas ofrecen poco, exceptuando sus enseñanzas budistas, y los compromisos sociales de los budistas tradicionales se suelen limitar a declaraciones apologéticas que defienden sobre todo el estatus de la comunidad budista. Son excepciones notables las subsectas del budismo Nichiren, como la Nichihozan Myohoji, que son movimientos activos por la paz y la justicia social.

Los términos Mahayana e Hinayana son utilizados por los estudiosos occidentales de las religiones con la misma ligereza que los términos sexistas por sus colegas de otras disciplinas. Es importante que nos disciplinemos para evitar una terminología odiosa y, al mismo tiempo, conservar la honestidad ante las demandas de la retórica y la verdad.

El ideal del Bodhisattva

Aunque el ideal del Bodhisattva ha sido una doctrina desarrollada en el budismo del norte, de hecho, la vida de dedicación al bienestar de otros no ha sido un fenómeno sectario en la historia del mundo. Personas como la Madre Teresa, Mahatma Gandhi, A.T. Ariyaratne como Bodhisattvas, emergen en todas las líneas religiosas y culturales. Mi primer maestro, Senzaki Nyogen Sensei, acostumbraba a dirigirse a nosotros como «Bodhisattvas», del modo en que otro orador diría «damas y caballeros». No estaba degradando el término, sino apelando a la naturaleza de Bodhisattva que nos es común a todos.

No habría ningún Zen norteamericano, como lo conocemos hoy en día, incluyendo a la *Diamond Sangha*, si no fuera por Senzaki Sensei, que vivió tranquilamente con un pequeño grupo de estudiantes durante más de cincuenta años, en la primera mitad del siglo XX, primero en San Francisco y luego en Los Ángeles. Senzaki Sensei entregó totalmente su vida a todos nosotros. Fue un verdadero Bodhisattva y hubo incontables Bodhisattvas antes que él, todos ellos dedicando su energía a nosotros. A menos que nosotros también nos desarrollemos como Bodhisattvas, no habrá ningún Dharma del Buda aquí y ahora y será sólo un recuerdo superficial del que se hablará en los libros en los tiempos futuros.

El universo es uno. ¿Cómo puedes tú ser iluminado a menos que todos los otros sean iluminados también? San Pablo dijo: «Toda la creación se queja y sufre unida para dar a luz». Todos estamos metidos en la gran labor del universo. Ésta es la senda que elegimos en nuestros votos.

Los seres son innumerables,
prometo salvarlos a todos.
Los pensamientos y sentimientos ilusorios son ilimita-
dos,
prometo liberarme de todos.
Las puertas de acceso a la verdad son incontables,
prometo pasarlas todas.
El camino de la iluminación no tiene igual,
prometo alcanzarlo.[25]

He escuchado a cierta gente decir: «No puedo recitar esos votos porque quizá no pueda cumplirlos plenamente». En verdad, *Kanzeon*, la encarnación de la merced y la compasión, llora porque no puede salvar a todos los seres. Nadie cumple esos «Cuatro Votos», pero prometemos cumplirlos lo mejor que podamos. Son nuestra senda.

Cuando comenzamos la práctica, podemos estar preocupados con problemas personales, por las actitudes de los demás y por la ambición personal de lograr la experiencia y el liderazgo religioso. Pero en tanto en cuanto nuestro entrenamiento continúa, nuestra motivación profundizará y nos desprenderemos de tales preocupaciones personales y trabajaremos activamente con nuestras hermanas y hermanos.

Tal como va el mundo, el ideal del Bodhisattva es nuestra única esperanza de supervivencia y, de hecho, de la supervivencia de todas las especies. Los tres venenos: codicia, odio e ignorancia, están destruyendo nuestra herencia natural y cultural. Creo que a menos que nosotros, como ciudadanos del mundo, podamos adoptar la posición radical del Bodhisattva, ni siquiera moriremos con integridad.

La perfección del mundo

La convicción de que todo es completo desde los comienzos mismos corresponde a los ideales tanto del Arhat como del Bodhisattva. Ésta se basa en haber caído en la cuenta de que el mundo esencial perfecto es idéntico al mundo de ganancia y pérdida, nacimiento y muerte, causa y efecto. Practicamos como Arhats o Bodhisattvas para caer en la cuenta de lo que ha sido siempre verdad. Cuando Dogen Zenji dijo: «Zazen en sí mismo es iluminación», estaba hablando desde este punto de vista fundamental.

La práctica de contar nuestras respiraciones significa la perfección inherente de todas las cosas. Este «uno» del contar es la representación completa del universo entero. El «dos», igualmente, es la representación completa del universo entero. Esto vale para todos los restantes números de la secuencia.

Cada paso en el camino es el Tathagata que surge. Con cada paso, eres el Bodhisattva Kanzeon, con once cabezas y mil brazos, salvando a todos los seres. Alguien le preguntó al maestro coreano Seung Sahn: «¿Cómo puedo salvar a todos los seres?». Él replicó: «Ya están salvados». Nuestros «Cuatro Votos» ya están realizados.

La música de Mozart ya es celestial. La tocamos, torpemente al comienzo, luego cada día mejor. Pero cada nota surge, plena y completa en su perfección.

Asimismo, al contar las respiraciones, nuestros pensamientos vagabundos nos distraen y retornamos una y otra vez al «uno». ¿Qué es ese acto de retorno sino el punto pleno del número «uno»? En este punto alguien podría ser muy listo y preguntar: «¿Pero no son los sueños seductores también plenos y completos?» ¡Por supuesto que sí! ¡Nada falta! ¡Nada sobra! Si alguien cree que debe seguir con sus sueños seductores, ¡que lo haga! Entonces será consecuente con su filosofía, pero yo prefiero ser consecuente con mi práctica.

La práctica Zen no es el único camino de caer en la cuenta de la perfección inherente del mundo. Dentro de la tradición de Jodo Shinshu están los *Myokonin*, la «gente sutilmente pura», quienes, con la práctica de recitar el «Namu Amida Butsu», caen en la cuenta de que, cuando mueran, no solamente renacerán en la Tierra Pura, sino que la Tierra Pura es idéntica al suelo en el que se hallan y que Amitabha es su propio ser. Aquí resuena la declaración de Hakuin Zenji de su «Canto en alabanza del zazen»:

> *Este lugar es el País del Loto.*
> *Este cuerpo es el Buda.*[26]

Hay enseñanzas de la identidad del cielo con el aquí y ahora tanto en algunas tradiciones de Occidente y del cercano Oriente, así como en el budismo Zen. Esas son las enseñanzas oscuras, o internas, o gnósticas, que incluso están prohibidas por algunos escatologistas ortodoxos. Pero aun así persisten. Nos daremos cuenta de que los sermones del *Maestro Eckhart* y la poesía de *Rumi* y *Kabir* resuenan con las palabras de Hakuin Zenji.

Hay problemas con la actitud escatológica. Puede incitar a algunos a preocuparse demasiado por el pecado y las faltas humanas y a posponer la experiencia del despertar a un tiempo futuro que sea perfecto.

También pueden malinterpretarse las palabras de

Hakuin Zenji. Pueden propiciar una actitud de pasar por alto las faltas personales y adoptar una conducta amoral: «Estoy iluminado y así haré lo que yo quiera». De estos dos problemas me parece mucho más perniciosa la arrogancia del presunto logro espiritual. Me resulta mucho más fácil identificarme con la humilde persona religiosa que trabaja durante el día en el campo y que se pasa la noche en oración, sin dudar nunca de que la gloria de Dios le espera.

Las escuelas del budismo Zen

Las actitudes de las personas hacia la práctica religiosa dan lugar, de forma natural, a que cristalicen diferentes sectas. Dentro del Zen japonés hay tres sendas: *Rinzai, Soto* y *Obaku.* Las escuelas Rinzai y Soto fueron introducidas en Japón a fines del siglo doce y principios del trece; La Obaku es una reintroducción de la escuela Rinzai después de que se mezclara en China con la devoción Amitabha. La escuela Obaku es más bien pequeña y aislada de las dos corrientes mayores.

Tanto la escuela Rinzai como la Soto sufrieron una decadencia gradual a lo largo de los siglos después de haber florecido en el periodo de Kamakura y algún tiempo después. Hakuin Zenji reorganizó y revitalizó la escuela Rinzai en el siglo XVIII y hoy en día todos los maestros Rinzai vienen de ese linaje, mientras todas las otras líneas del Zen Rinzai han muerto. Aunque la escuela Rinzai sufrió una nueva decadencia durante el siglo pasado y algunos de sus principales templos funcionan como museo, hoy en día aún florece en múltiples monasterios de nuestro tiempo.

El Soto Zen fue fundado en Japón por Dogen Zenji, un maestro de relevante importancia tanto en el budismo en general, como en su propia tradición de Zen. Desde aquel tiempo, sin embargo, podemos constatar una decadencia constante a través de los siglos. Pero aun así, en esa escuela surgen todavía maestros excepcionales, como por ejemplo el difunto Suzuki Shunryu Roshi, del *San Francisco Zen Center*, y entre los estudiantes antiguos del Soto Zen hay quienes desarrollan un carácter de gran delicadeza y modestia que se debe a la práctica del *shikantaza*, o «simplemente sentarse». El moderno Soto Zen no utiliza el estudio de los koan y rara vez habla de la iluminación. En vez de eso, el énfasis está sólo en sentarse, vivir atento y servir a otros.

Sanbo Kyodan[*]

En los primeros años del siglo XX, los monjes Soto en busca de entrenamiento Zen se dieron cuenta con decepción de que éste no estaba disponible en su propia escuela. Monjes como Watanabe Genshu, Koho Chisan y Harada Daiun estudiaron con maestros Rinzai. Watanabe con Miyaki Sokai Zenji y Kiho Shaku con Soen Zenji en Kamakura, y Harada con Toyota Dokutan Zenji en Kioto. Estos tres monjes volvieron a la rama Soto después de completar su entrenamiento Rinzai, pero sólo Harada Roshi reorganizó el entrenamiento dentro de su monasterio para usar koan en la práctica.

El curso de entrenamiento de zazen de Harada Roshi para estudiantes interesados en alcanzar la visión de su naturaleza propia, comienza usualmente con el koan Mu, aunque a veces puede usarse otro koan preliminar. Sigue a éste una serie de koan seleccionados con el fin de establecer una perspectiva para la práctica y, a continuación, siguen cuatro antologías de koan, dos de las cuales suelen asociarse con la escuela Rinzai y dos con la escuela Soto. Una quinta colec-

---

[*]   *Sanbo Kyodan* hoy día se denomina *Sanbo Zen*.

ción sirve para recapitular la comprensión alcanzada durante el estudio de los koan, así como el conocimiento de las bases fundamentales de los preceptos budistas.

La línea de maestros de Harada, Yasutani Hakuin y Yamada Koun, ha surgido como un movimiento laico, conocido como Sanbo Kyodan, o «Escuela de los Tres Tesoros». Es una escuela independiente de budismo Zen, cuya meta consiste en revitalizar la línea de Dogen Zenji. Su sede está en Kamakura, en el *Sanun Zendo*. Hay otros centros en Hokkaido, Osaka, Prefectura Wakayama, Kyushu, Munich, Hawai y Manila.

La *Diamond Sangha* es el centro de Hawai. Éste, a su vez, tiene centros asociados en Sydney, Australia (*The Sydney Zendo*) y en Nevada City, California (*The Ring of Bone Zendo*). El Centro Zen de Los Ángeles está conectado con la Escuela Sanbo Kyodan a través de su maestro, Maezumi Hakuyu Roshi, que fue discípulo de Yasutani Roshi y tiene también la transmisión de las líneas tradicionales Rinzai y Soto.

El siguiente paso

Ahora me gustaría que intentes todavía otro modo de meditación.

No cuentes, sólo sigue tus respiraciones, inhala y exhala. Deja ir todos tus pensamientos hasta que esté sólo la respiración. Como decía Suzuki Shunryu Roshi, esto es como una puerta que se mueve por el viento: nada entra, nada sale.

CAPÍTULO 6

Los Tres Tesoros

Los Tres Tesoros son el Buda, el Dharma y la Sangha.

La ceremonia donde los reconocemos como nuestro hogar es central para la vida del budista Zen, tanto como la Sagrada Comunión es central para la vida religiosa del cristiano católico. Esto es *Ti Sarana Gamana* o «tomar los Tres Refugios», y es importante para todos los budistas, no sólo para los estudiantes Zen. Esta ceremonia se lleva a cabo en cada templo del budismo, en el sur y sudeste de Asia, en el budismo tibetano, en Taiwan y Hong Kong, en Corea y en Japón.

El Buda

El primer Tesoro es el Buda. Esto se refiere, por supuesto, a Shakyamuni, el fundador histórico del budismo, pero también tiene un sentido mucho más amplio. Incluye a personajes mitológicos que precedieron a Shakyamuni, así como a toda una serie de figuras arquetípicas del panteón budista. Incluye, asimismo, a todos los grandes maestros de nuestro linaje: Bodhidharma, Huineng (Eno), Mazu (Baso), Baizhang (Hyakujo), Zhaozhou (Joshu), Yunmen (Unmon), y aquellos ilustres hombres japoneses como Dogen y Hakuin, hasta nuestros propios maestros, e incluye no sólo a tales figuras destacadas, sino también a todo aquél que ha caído en la cuenta de su verdadera naturaleza; todos los cientos de miles de monjes, monjas y laicos en la historia budista, que han sacudido el árbol de la vida y la muerte.

En un sentido más profundo y a la vez más corriente, todos somos Buda. Quizás aún no hemos caído en la cuenta de ello, pero esto no cambia para nada este hecho. Shakyamuni exclamó: «Todos los seres del universo son el Tathagata». Las declaraciones budistas son a menudo elevadas, pero su ámbito incluye a todos los humildes reinos de los gusanos y las ortigas. La totalidad del universo es iluminación.

El ser humano, en el actual estado de la evolución mundial, tiene la oportunidad de caer en la cuenta del Tathagata. Es una oportunidad maravillosa, pero simplemente significa que podemos caer en la cuenta de las cosas tal como son.

Cuando Hakuin Zenji escribió en su *Canto en alabanza del zazen*: «Todos los seres por naturaleza son Buda», usó la traducción japonesa de la palabra Buda: *Hotoke*. Existe también el término japonés *Butsu*, que es una transliteración de «Buda», que tiene particulares referencias técnicas o sectarias. *Hotoke* significa Buda, pero también algo cercano a la palabra occidental «dioses», como en los panteones griegos o romanos.

Shibayama Zenkei Roshi señala en su libro, *A flower does not talk* (*Las flores no hablan*, Editorial Eyras), que Hakuin Zenji fue radical en su afirmación, porque usar *Hotoke* en vez de *Butsu* o uno de los componentes del ideograma que usan Butsu, decía realmente: «Todos los seres son por naturaleza dioses»[27]. Desde luego, ¡elevado!

Mientras todos los seres son verdaderamente el Tathagata, el más elevado y el mejor, anunciarlo o siquiera pensarlo puede suponer una clase de ilusión. Una persona iluminada lo sabe, pero no está apegada a palabras engañosas como «budeidad». De ahí que las palabras de una persona corriente y de una iluminada a menudo sean iguales, pero se refieran a algo diferente.

Hay un dicho en Japón: «La persona corriente es el

Buda». En verdad, Nanquan Puyuan (Nansen Fugan), uno de los hombres ilustres del periodo T'ang dijo: «La mente ordinaria es el camino»[28].

La mayoría de la gente Zen lleva en apariencia una vida nada excepcional y evita destacar usando palabras especiales, o comportándose de manera especial. No busca aparentar ser sabia o piadosa, pero aun así comprende que todas las cosas, incluidos ellos mismos, son totalmente vacías y, al mismo tiempo, cargadas de potencial. Caer en la cuenta de este hecho es la mente búdica. Alcanzarla requiere una ardua práctica.

El Dharma

El segundo Tesoro es el Dharma. Es el universo vasto e insondable: vacío por un lado, pleno por el otro. Estos dos aspectos se señalan aquí sólo con el propósito de dar una explicación. En realidad, el Dharma es vacío y, al mismo tiempo, rebosa de seres y cosas.

Desde el potente vacío surgen como energía creativa los elementos del universo con toda su riqueza. Así, otro significado de Dharma es *fenomenología*. Incluso los pensamientos y los hechos que deduces de nuestro mundo son el Dharma.

El Buda-Dharma es la enseñanza budista del universo. Miles de libros y millones de palabras constituyen, en este sentido, el Dharma. Significa también «la verdad del budismo». Decimos que cuando Shakyamuni predicó, hizo girar la rueda del Dharma.

De modo que el Dharma es el camino, y de hecho a menudo se traduce al chino como «Tao». Tao es un término con riqueza propia. El libro básico del taoísmo, el *Tao Te Ching*, dice: «El camino que se puede seguir no es el verdadero camino»[29]. Nosotros no seguimos al Buda; practicamos el camino que él descubrió, nosotros hacemos el Dharma.

La palabra «Dharma» se escribe con el ideograma que significa «ley» en chino y japonés, lo que es etimológicamente fiel al original en sánscrito. De ahí que podemos comprender las implicaciones de Dharma como la ley del universo, el modo en que son las cosas, el modo en el que se comportan. Para el budista no hay diferencia entre el Buda-Dharma y el Dharma común. Ambos son el Dharma, ya sea expuesto por un maestro budista, por un astrónomo o un poeta, o bien por una piedra o un pájaro.

Expresándolo de la forma más simple, podemos decir que el modo de comportarse de las cosas es que se mueven. De hecho, podemos decir que las cosas y los hechos no son más que su conducta, siempre actuando e interactuando con todas las otras cosas. La piedra se asienta en la tierra, y cualquier cualidad estática que se le atribuya está sólo en el ojo del impaciente observador humano, porque ella está actuando y reaccionando sin cesar con el suelo, el viento, los rayos del sol y la lluvia. Los fenómenos no son sustantivos, sino verbos. Toda cosa está manifestando activamente la ley del universo y del Ser individual. ¿Qué es la ley? Es acción y la inevitabilidad de sus consecuencias. Lo que digo aquí y ahora puede no ser tan profundo o importante, pero sonará a través de todo tiempo como una campana perfectamente elaborada, creando cambio tras cambio.

Esto es *karma*, la acción del Dharma. La gente supersticiosa confunde el karma y cree que significa que, sea como sea, debo pagar por todas las malas acciones que he hecho en el pasado, incluyendo vidas anteriores. Esto sería verdad si yo fuera un autómata que respondiera por controles programados a mi entorno. Esta creencia ignora la naturaleza del individuo que surge con su naturaleza esencial. Tú y yo interactuamos con cada incidente del momento. Todos los fenómenos del pasado, presente y futuro están relacionados, y la acción individual es una presentación creativa del universo.

Con nuestras ilusiones y apegos podemos no ser capaces de actuar desde nuestra naturaleza vacía y potente. El apego, según el Buda, es una respuesta ciega a alguna acción en el pasado. Si me golpean, golpeo en respuesta. Si mis padres me pegaban, entonces yo pego a mis hijos. «Estar libre del karma» no es simplemente una forma maravillosa de alejar nuestro pasado, sino más bien la libertad de no responder ciegamente a él. Si me golpean, no necesito golpear en respuesta. Puedo evocar desde el universo la respuesta apropiada porque mi mente está sosegada y vacía. El Zhengdaoge (Shodoka) dice:

> *Cuando se ha caído en la cuenta, los obstáculos kármicos son fundamentalmente vacíos;*
> *pero cuando aún no se ha despertado, hay que pagar todas las deudas.*[30]

Esto no significa, por supuesto, que debo esperar hasta que alcance la iluminación para que pueda liberarme de las respuestas ciegas, ni tampoco significa que no debo disculparme por ser rudo sólo porque practico zazen. Significa que intrínsecamente no estoy abrumado por el sufrimiento y la angustia que he creado en el mundo. Reconozco ese sufrimiento y esa angustia y mi responsabilidad por ellos, no sólo ante mí, sino abiertamente ante todos.

Cuando en la *Diamond Sangha* recitamos los sutras, comenzamos siempre con el *Gatha de Purificación*:

> *Todo el mal que he creado a lo largo de los años*
> *a causa de mi codicia, odio e ignorancia,*
> *debido a mi comportamiento, palabras y pensamientos,*
> *lo confieso ahora abierta y completamente.*[31]

Este gatha presenta para algunas personas un problema, similar a sus dificultades con los «Cuatro Votos». ¿Cómo puedo confesar toda esa basura que he creado en sólo cuatro líneas? No puedo. Pero esta confesión evoca la mente que no está manchada ni pura, sino siempre en paz.

La reacción ciega no es posible cuando recitas este gatha desde tu corazón. En la literatura budista encontramos múltiples historias de crímenes horribles, cometidos por personas que, con la práctica sincera y diligente, quedaron libres de sus ataduras kármicas, alcanzando la iluminación y una mente en paz. Un punto más sobre el karma: es sólo una palabra.

Una vez oí a alguien decir: «Estoy aquí por la ley del karma». Esto es falso. La manzana no cayó frente a Newton debido a la ley de la gravedad. La ley natural es sólo un concepto creado para referirnos al fenómeno. Mucha gente culpa de sus desgracias a lo que llaman «karma».

Comprender que karma es una palabra nos ayuda a comprender que no hay tal cosa como una causa y efecto separados. Todo es una causa. Todo es un efecto. El acto de Chu-Chin de elevar un dedo, fue un acto pleno y completo, sin pasado ni futuro. Y aún más: vino desde los vastos alcances del tiempo pasado y se extenderá dentro de los inconcebibles alcances del futuro.

¿Tu lectura de este libro es un efecto? Sí, es el resultado de 84.000 influencias. ¿Es una causa? Sí, para bien o para mal. ¿Es plena y completa en sí misma? Sí, pero quizás es una lástima decirlo simplemente así.

Nuestro zazen es así, pleno y completo en cada respiración. A cada respiración nada le falta, ni nada le sobra. Pero también hay un progreso, gradualmente tu práctica se vuelve más pura, hasta que puedas darte cuenta de tu verdadera naturaleza. Finalmente podrás integrar tu experiencia de iluminación en tu vida cotidiana, y todo rastro de iluminación, como algo especial, desaparecerá.

Éste es el aspecto kármico del paso a paso del zazen.

De esta forma karma se puede entender como una palabra descriptiva del Dharma, y Dharma se puede ver como una palabra de infinitas implicaciones. Básicamente, el Dharma es la misma naturaleza esencial, pura y clara. Y ésta surge como la forma de la vaciedad infinita. Como dice el Sutra del Corazón: «Vacío no es sino forma, forma verdaderamente es vacío»[32]. Las enseñanzas de Buda, la ley del karma y los fenómenos mismos, son todos joyas de infinidad vacía, vaciedad infinita.

David el salmista lo expresó así:

Los cielos cuentan la gloria de Dios
La obra de sus manos anuncia el firmamento.

La Sangha

Originalmente, *Sangha*, de una raíz sánscrita que significa «un agregado», se refería a los discípulos del Buda histórico. Más tarde vino a significar «el sacerdocio», cuando el budismo comenzó como religión. En algunas corrientes del budismo moderno, la palabra todavía se refiere sólo a monjes y monjas como un grupo, pero en el Zen, la Sangha ha sido siempre más que un grupo de creyentes, más que sólo budistas. La Sangha es, de hecho, la parentela de todas las cosas, de cada entidad de este universo y de todos los universos, pasados, presentes y futuros, en dimensiones sin fin. Es la iluminación de esa Sangha total, a lo que nos dedicamos con nuestros votos.

Una vez Anne Aitken y yo estábamos paseando con Nakagawa Roshi por el Valle Ojai en California. Al ver una pequeña ladera de cuya superficie sobresalían muchas piedras, exclamó: «¡Cuántos miembros hay aquí!». Cada piedra es un miembro, cada árbol, cada ratón, cada gusano intestinal.

En una ocasión alguien me preguntó: «¿Qué es un ser?» Yo repliqué: «Una ecuación de segundo grado». Más tarde volvió y preguntó: «¿Cómo puedo salvar a una ecuación de segundo grado?». Yo respondí: «Al incluirla».

Salvamos a todos los seres al incluirlos. El sexto patriarca Hui-neng, explicó así el primero de los Cuatro Votos: «Aunque los seres son innumerables, prometo salvarlos a todos en mi propia mente»[33].

Mi mente y la vuestra ya incluye a todos los seres. Ellos están ya salvados. Nuestra tarea como Sangha es realizar ese hecho en nuestro corazón y en todos los corazones.

Hay muchas sanghas dentro de la Sangha universal. La Sangha budista es una. Ésta es la parentela de todos los budistas. La Sangha budista Zen es otra. La Sangha directa de nuestro centro de entrenamiento es otra. Es la familia desde la que nos desplazamos hacia el mundo. Es desde la familia del centro de entrenamiento que cultivamos un jardín más amplio.

En el centro de entrenamiento podemos elegir entre diferentes alternativas de organización. Nuestro modelo es la *Red de Indra*, cada nudo es una persona individual, una joya única enteramente y no igual a otra. Al mismo tiempo, cada una es un reflejo de las otras joyas. Si ponemos en común todo nuestro dinero, tiempo y energía, estamos negando al individuo. Si sólo acordamos vivir en la misma casa y cada persona actúa independientemente, estamos descuidando a la comunidad. Hay que contribuir con algo de dinero para el programa del templo, hay que guardar algo de dinero para uso personal. Se requieren cierto tiempo y energía para un programa común, parte de ese tiempo debe quedar libre para los intereses personales. Para que esto funcione se requiere flexibilidad y compasión, y las pautas finales deben ser claras.

Al adoptar un estilo particular de hacer las cosas corremos el riesgo de volvernos sectarios. Podemos dejarnos guiar por los tres venenos de la codicia, el odio y la ignorancia y tender a volvernos tan exclusivos como cualquier clase, raza o nacionalidad. El mundo entero está en peligro porque las naciones no pueden superar el nacionalismo. Alguna gente me pregunta por qué periódicamente dirijo sesshin para cristianos, y respondo: «Para ayudarles a volverse mejores cristianos», pero no siempre logro que comprendan este punto.

Otra historia de Nakagawa Roshi: Una vez estábamos Anne y yo en la cabaña de su madre en Ryutakuji escuchando una grabación de cantos gregorianos. Antes de poner el disco, el Roshi explicó a su monje asistente: «Así recitan sus Sutras los monjes occidentales». Bajo sus palabras estaba el reconocimiento de que Oriente es Oriente y Occidente es Occidente; nosotros tenemos nuestra Sangha y ellos tienen su Sangha; pero todos, a partir de nuestra práctica, presentamos la naturaleza esencial a todos los seres. Todos somos una sola Sangha o, como Nakagawa Roshi expresó en una ocasión: «Todos somos miembros de la misma sociedad con orificios en la nariz».

Finalmente, es importante reconocer a la Sangha como armonía de Buda y Dharma. El vacío infinito, pleno de potencial, se manifiesta en el mundo fenoménico, tal y como las cosas van y vienen. Ésta es la verdad fundamental del budismo: «Forma es vacío; vacío es forma»; algo que los físicos modernos en su intrincado camino están llegando a comprender. La Sangha es nuestra realización de esta armonía, esta unidad, el vigor indiferenciado de lo no-conocido por no-conocible, y su expresión como el canto del tordo.

Todos somos, tú y yo, el Tathagata, mostrando esa armonía en cada una de nuestras acciones: poniéndonos de pie, vistiéndonos, sentándonos para comer. Toda hermandad y todo significado corriente del espíritu de Sangha surge de esa intimidad con las acciones mismas.

Los Tres Refugios

Al comienzo de nuestras recitaciones de los sutras cantamos en pali el «Ti Sarana Gamana»:

> *Buddham Saranam Gacchami;*
> *Dhammam Saranam Gacchami;*
> *Sangham Saranam Gacchami.*[34]

Al usar el lenguaje litúrgico del budismo del sur para este gatha seguimos el ejemplo de Senzaki Nyogen Sensei, quien siempre intentó mostrar que el budismo es una sola corriente que no está dividida en sectas separadas.

Comúnmente el «Ti Sarana» se traduce:

> *Me refugio en el Buda,*
> *Me refugio en el Dharma,*
> *Me refugio en la Sangha.*

Ésta puede ser la mejor traducción cuando todo se ha dicho y se ha hecho, pero es importante examinar las palabras pali en profundidad de modo que podamos apreciar los niveles de significado que no se pueden pasar a otro idioma.

Las primeras palabras en cada una de las tres líneas son formas modificadas de Buda, Dharma y Sangha.

«Saranam» es una forma modificada de «sarana», que significa protección, refugio, hábitat, cobijo, lugar querido o elegido.

«Gacchami» es una forma verbal que significa ir a, o tomar. Así, una traducción de la primera línea del Ti Sarana sería: «Me comprometo, o intento encontrar mi hogar en el Buda», y las tres líneas son más un voto que una plegaria. Lo que está implícito es que, por encontrar mi hogar en el Buda, Dharma y Sangha, puedo liberarme del condicionamiento ciego y caer en la cuenta de la naturaleza auténtica. Como figura al comienzo de las recitaciones, cuando empezamos un día de zazen, el Ti Sarana supone una renovación de la dedicación al camino de la iluminación, de la práctica y la compasión.

En sino-japonés *Saranam Gacchami* se traduce *kie*, lo que significa «girar hacia y confiar en». *Ki*, o retorno, significa también «bajar a, resultar en, pertenecer a». Esta traducción hace evidente que el Buda, el Dharma y la Sangha son ya mi hogar, y estoy dedicado a ellos. Con ellos como mi morada, soy liberado de los ciclos del karma que me atan a la acción y reacción repetitiva.

Caer en la cuenta de la esencia de la naturaleza esencial significa refugiarse en el Buda. Cultivar el jardín de la iluminación significa tomar refugio en el Dharma. Compartir los frutos del jardín significa tomar refugio en la Sangha. Yasutani Roshi dice: «El Ti Sarana Gamana es el cimiento y la totalidad del Tao del Buda»[35].

Los Tres Tesoros en el centro de entrenamiento

Fundamentalmente, todo está iluminado desde el comienzo, y nuestra tarea en el centro de entrenamiento Zen es realizar ese hecho con más profundidad y claridad. Hakuin Zenji, en su *Canto en alabanza del zazen* dice que las paramitas (generosidad, buena conducta, paciencia, esfuerzos...), todas encuentran su hogar en el zazen. Como he indicado anteriormente, paramita significa «perfección», implicando la realización de la budeidad. Realizamos la budeidad a través del zazen profundo y a través de entrevistas personales, charlas Dharma, clases de doctrina, lectura, interacción social, trabajo de mantenimiento, y todos los aspectos de la vida en nuestro centro de entrenamiento y en nuestros hogares. Así encontramos nuestro hogar en el Buda.

Algunas personas vienen al centro de entrenamiento para las reuniones y los sesshin. Otras pueden vivir en el centro y pueden quedarse allí para dedicarse al zazen y el trabajo de mantenimiento de la casa, o salir para trabajar o estudiar durante el día, dedicando las tardes y mañanas al zazen. Pero ya seas un miembro de la comunidad o un residente del centro de entrenamiento, puedes unirte con tus hermanas y hermanos para cultivar cada momento como un tesoro Dharma.

En el *Enmei Jikku Kannon Gyo* (Sutra de la Vida Eterna, de diez frases de Kanzeon), recitamos: *«Nen nen ju sin ki/Nen nen fu ri shin»* (Pensamiento tras pensamiento surgen en la mente/pensamiento tras pensamiento no está separado de la mente[36]). «Pensamiento tras pensamiento», es la misma naturaleza de nuestra mente. Si este «pensamiento tras pensamiento» está en armonía con otra gente, animales, plantas y cosas, estamos unidos con la ocupación del momento y con pasar de una tarea a otra, entonces estamos unidos con el Dharma de nuestro día. Damos energía a ese Dharma, canalizamos energía hacia él, de manantiales desconocidos. Estamos en nuestro hogar en el Dharma y nos unimos al trabajo del mundo.

Yasutani Roshi decía: «El espejismo fundamental de la Humanidad es suponer que yo estoy aquí y tú estás allí fuera». Se señalaba a sí mismo con «aquí» y a sus oyentes con «allí fuera», haciendo un gesto de la división concebida por las personas egocéntricas. Es al vivir juntos en un centro de entrenamiento, o viviendo en nuestro hogar y entrenando en el centro con los residentes, como aprendemos a corregir tales preocupaciones egocéntricas. Por supuesto, el mundo cotidiano ofrece amplias oportunidades para corregir esas ignorancias también; pero bajo nuestra sociedad consumista está el sucio secreto de que conspiramos para trabajar con la codicia de los otros, para promover la nuestra. Muchas situaciones en el mundo del trabajo cotidiano suponen, con una ideología no escrita y con claros ejemplos, que no debemos preocuparnos mucho por los demás. Nuestras vidas integradas en una comunidad más amplia ofrecen una resistencia amorosa frente a semejantes actitudes egocéntricas.

En el centro de entrenamiento Zen, al igual que en otros centros religiosos y comunidades humanistas, se expresa con claridad y por escrito la ideología para contrarrestar la codicia, el odio y la ignorancia que nos rodean. Comprendemos en un sentido espiritual que verdaderamente formamos un solo organismo con todos los seres y con todas las cosas inanimadas del universo. Juntos enriquecemos esta realización individualmente y como una hermandad, entre nosotros, entre nuestros vecinos y en el mundo. Así encontramos nuestro hogar en la Sangha.

El siguiente paso

Ahora quiero que intenten otro modo de zazen. Éste es *shikantaza*, o sólo sentarse. Es un modo maduro de sentarse, en general sólo para los estudiantes experimentados. Aun así, es importante que todos los estudiantes comprendan lo que es. Por otra parte, para cierta gente shikantaza es desde el principio la mejor forma de practicar.

Después de que hayas contado tus respiraciones durante una o dos secuencias, siéntate simplemente mirando el espacio vacío de tu mente. Asiéntate dentro de tus huesos y entrañas. No hay pensamientos, números o temas en absoluto. Entrégale lo mejor de ti e inténtalo, al menos, por unos cuantos periodos de práctica.

CAPÍTULO 7

Los Diez Preceptos

La hermandad en el centro Zen es el microcosmos de la hermandad de todos los seres, como de todas las cosas inanimadas, de todos los elementos invisibles de dimensiones desconocidas. Se alcanza un sentido profundo de la Sangha en nuestra armonía con las hermanas y los hermanos con los cuales practicamos. Esta armonía se desprende de los diez preceptos cardinales de las hijas e hijos del Buda.

Los Preceptos como expresiones de amor

Al principio puede parecer que los diez preceptos son mandamientos expresados negativamente, como los diez mandamientos de la cristiandad y del judaísmo. Sin embargo, no dicen «no deberás», sino más bien «no hay», esto es: en la mente no hay matar, ni robar, ni todo lo demás. Esto no significa sólo que debes tratar de lograr esa condición relativa de pureza, sino que en la mente, que es el universo, la mente Buda, hay no matar, no robar y todos los demás preceptos desde el mismo principio. Algunos comentarios de Dogen Zenji sobre los diez preceptos llevan el verbo «no debe», pero esto se puede comprender como un propósito de enseñanza de entrenamiento. Como un medio para alcanzar el conocimiento de que matar en realidad no existe en la mente, no debes matar.

Aun con sus implicaciones imperativas, las restricciones

morales son expresiones de amor. Es un acto de amor a veces decir: «¡No hagas eso!» De cualquier modo, como una representación de unidad de todos los seres, o como un medio correctivo, los preceptos son expresiones de compasión. Así podemos decir que los diez preceptos son simplemente diez caminos diferentes de mostrar amor.

Los Diez Preceptos formulan la realización de la bondad inherente. Esta bondad no es el opuesto del mal, es nuestra naturaleza propia, la naturaleza de Buda. Todos los seres por naturaleza son Buda, sólo sus ilusiones y apegos les impiden comprobar este hecho. Los Preceptos son una guía desde la ilusión egocéntrica y el apego a la completa y total realización del Buda de la verdad y de la compasión. Señalan el camino para realizar la plenitud de tu propia naturaleza búdica.

La aplicación de los Preceptos

Históricamente, los diez Preceptos, el óctuple sendero y los otros requerimientos budistas estaban pensados para los discípulos de Shakyamuni Buda. Se aplicaban individualmente y todos los seres serían finalmente salvados así. De hecho, todos los seres fueron salvados con la experiencia de iluminación de cada discípulo. Sin embargo, el Buda condenó el sistema de castas y encontramos implícito en sus enseñanzas la futilidad de suprimir el crimen a través del castigo, el lazo entre la pobreza y el crimen y la importancia del bienestar económico para todos. Él no vivió en un tiempo como el nuestro, donde la competencia peligrosa entre las naciones amenaza volar el mundo: no estuvo confrontado con la probabilidad de un holocausto biológico; no conoció los imperativos tan justos del movimiento feminista. Me pregunto qué hubiera dicho hoy.

En Occidente tenemos un claro sentido de responsabilidad personal y grupal por el gobierno y el bienestar de todos propuesto a finales del siglo XVIII por Locke, Rousseau y otros, y desarrollado en los últimos doscientos años en las sociedades democráticas en Europa y en América. Como budistas occidentales nos apoyamos por un lado en una tradición de responsabilidad social que se ha venido desarrollando desde Moisés, Jesús y Platón y, por otro lado, en una tradición que ha sido cultivada en ambientes monásticos por yoguis, taoístas y budistas, así como en las escuelas confucionistas, donde se buscaba la sinceridad más alta. Con tal síntesis de tradiciones es seguro que el budismo en Occidente aplicará los preceptos de un modo nuevo.

También en Oriente se aprecian nuevos comienzos de los compromisos sociales budistas, por ejemplo el movimiento Sarvodaya Shramadana en Sri Lanka, que se basa en ideales budistas y busca conseguir la autosuficiencia de los pueblos para resolver problemas de salud pública, infraestructura, arte y artesanía. El budismo monástico, por otro lado, está declinando claramente, y el budismo reformado diluye las verdades auténticas de los maestros fundadores y permite a los venenos de la sociedad consumista entrar en la corriente sanguínea del mismo Dharma del Buda. Es importante que comprendamos esos cambios.

Los Diez Preceptos

1. *No matar*. Hay fundamentalmente no-nacimiento y no-muerte mientras morimos y nacemos. Cuando matamos el espíritu que puede caer en la cuenta de este hecho estamos violando este precepto. Matamos este espíritu en nosotros mismos y en otros, cuando agredimos el potencial humano, el potencial animal, el potencial de la tierra. A veces agredimos con una palabra o una mirada;

no necesitamos un garrote o una bomba.

La guerra y otros actos de violencia organizada, incluyendo la represión social, son violaciones masivas de este precepto. Es irónico que, a veces, uno pueda ser considerado con los amigos y vecinos, y al mismo tiempo desempeñar un trabajo que contribuye directamente al sufrimiento masivo.

En el otro extremo de esta escala encontramos a los monjes Jain, quienes filtran su agua en un intento de no dañar a las criaturas microscópicas que la habitan. Estudios recientes sugieren que las zanahorias y las lechugas sí reaccionan cuando las cortan o arrancan de raíz. ¿Qué podemos hacer? Yo creo que la respuesta es comer y beber con el espíritu de compartir con gratitud. Una vez oí que alguien le preguntó a Allan Watts por qué era vegetariano, y contestó: «Porque las vacas gritan más fuerte que las zanahorias». Esta respuesta puede servir de guía. Algunas personas rechazarán comer carne roja, otras no beberán leche, mientras que otras comerán lo que les sirven, pero limitarán sus propias compras de productos animales. Debes trazar tu propia línea, considerando tu salud y la de los otros seres.

2. *No robar.* No hay robo, ni nada que pueda ser robado. Pensar posesivamente es una violación de este precepto. La persona que roba está mal encauzada y siente necesidad de tener algo de otro. Tal persona necesita construir una estructura de inocencia, una justificación para robar, aunque en esencia todos son inocentes desde el principio. Sé fiel a tal inocencia original.

    Vivimos en una sociedad consumista donde es imposible sobrevivir sin participar, al menos indirectamente, en el robo. Esto no puede evitarse. Sólo podemos empezar con nosotros mismos para expresar nuestra compasión por todas las criaturas y cosas. Aunque incluso cortar una flor es una especie de robo, la cortamos, así como aceptamos alimentos en nuestra mesa.

Como el precepto de no matar, el de no robar tiene su aplicación tanto en la Sangha de Buda en sentido estricto, como fuera, en el mundo del trabajo diario. Los requerimientos del Buda en el óctuple noble sendero en relación a la recta vocación, llaman a una vida de explotación mínima, pero nuestros hábitos de consumo provocan una explotación irremediable y masiva de personas, animales, árboles, tierra, agua y aire. Se genera un gran poder en apoyo a este precepto cuando la gente se junta en una comunidad y está de acuerdo en conservar la energía del universo y proteger sus seres y elementos.

3. *No hacer mal uso del sexo.* La mente, la mente universal, que es la mente humana esencial, es infinidad pura y vacía. Allí no hay nada que pueda llamarse explotación sexual. Oscurecemos esta pureza con nubes de codicia y deseos. El sexo es compartir, pero cuando se convierte en «usar» se pervierte; es una violación no sólo de este precepto, sino también de los dos preceptos anteriores, porque implica brutalizar y tomar cosas de otros. Una persona que busca encuentros sexuales fortuitos es comparable a un ladrón, pues tal vez quiere tomar algo que no es suyo. Otra variante del sexo casual surge de una falta de confianza en el ser como agente del Dharma, con lo cual se trata de un compartir falso, de una prostitución.

La gente que ha sido condicionada por una enseñanza católica, rígida, o quienes han sido seguidores de Yogananda o algunos otros maestros hindúes, pueden llegar al budismo Zen con ideales de pureza que interfieran con la práctica. La persona para quien la pureza sexual es un problema psicológico tiene poca energía para hacer zazen. El sexo no es ni puro ni impuro. Nuestra actitud ante esto puede, o bien conducir a la práctica profunda, o bien fragmentarla. Si dos personas están comprometidas una con otra, su plenitud sexual puede ser un apoyo positivo para su zazen.

4. *No mentir*. Ser verdadero bajo toda circunstancia es, ante todo, ser leal a la mente, a la vaciedad, a la igualdad y a la originalidad de todas las cosas. Esta mente, profunda y sutil, aparece en el mundo fenomémico con riqueza y variedad. Los esfuerzos para negar o manipular los fenómenos y oscurecer su esencia violan este precepto porque generan justificaciones, nubes de palabras y pensamientos que oscurecen el Dharma del Buda.
    Pero si una persona trastornada llama a la puerta de nuestra casa buscando a una determinada persona, puedo mentir y decir que la persona que busca no está en casa. Hacer esto apoyaría a su vez el propósito de todos los preceptos: salvar a todos los seres; disolver los venenos y realizar el Dharma, y alcanzar el camino de la iluminación (el camino de Buda).

5. *No tratar con drogas*. Este precepto se refería originalmente al alcohol pero, por supuesto, se relaciona con cualquier sustancia que nubla nuestras percepciones. Pasarse horas ante la televisión o participar en conversaciones tontas supondrían asimismo una violación de este precepto. Mucha gente no puede hacer zazen después de beber un simple vaso de cerveza, o de probar un cigarrillo de marihuana, de modo que prohibimos el alcohol y la droga en nuestros centros de entrenamiento de la *Diamond Sangha*. Las reglas son: no tener, no vender, dar o regalar y no usar. La excepción puede ser en fiestas oca-

sionales, cuando se brinde con vino para honrar a un invitado especial. Debido a mis observaciones a lo largo de muchos años, he notado que si alguien fuma marihuana para relajarse cuando está unos días fuera del centro de entrenamiento puede ser perjudicial para la práctica y, por ese motivo, pido ahora una abstinencia total de esta droga.

Fumar tabaco puede ser un problema en un centro de entrenamiento. Por un lado, el hábito de fumar distrae a los fumadores de su práctica, mientras los no fumadores se sienten molestos por el olor del tabaco y, por otro, se sienten excluidos del círculo de los fumadores. En última instancia, todo es vacío y puro, pero debemos tener en cuenta que hacen falta ciertas condiciones para que resulte posible caer en la cuenta de esa verdad fundamental.

6. *No hablar de las faltas de otros*. Cada individuo está en un proceso de desarrollo; una falta puede ser el elemento mismo que empuja a la persona a crecer. Este crecimiento se puede alentar de muchos modos, pero el chismorreo consiste generalmente en clichés y medias verdades que suelen establecer una línea divisoria entre la persona imperfecta y el resto de nosotros. Esas habladurías nos impiden, asimismo, ver que nuestro compañero o compañera pueda encontrarse en un proceso de crecimiento precisamente por esa misma debilidad que estamos condenando.

Por ejemplo: si uno de nuestros amigos se enfurece a la más pequeña provocación, esta pasión puede, con la madurez, ser canalizada en una resistencia a la injusticia social. Pero estereotiparlo como furioso puede impedirle madurar, al hacer surgir justificaciones defensivas. Si queremos que el Tathagata se realice, debemos darle una oportunidad a cada persona.

7. *No alabarte a ti mismo mientras ofendes a los demás.*
    Ésta es una extensión del precepto anterior, que señala
    los medios perniciosos de oscurecer la realidad de que
    tú y yo somos cada uno completamente individuales y, al
    mismo tiempo, en el organismo del universo somos inse-
    parablemente uno. ¿De dónde viene la violación de este
    precepto? Su origen es nuevamente una falta de confian-
    za en el ser como agente del Dharma. Buscamos tener
    una buena imagen para defendernos a expensas de otros.
    Esto no excluye corregir a otros. Si alguien hace ruido
    cuando hay que guardar silencio, le ayudamos a cultivar
    la práctica con un toque de atención. Los preceptos no
    son órdenes estrictas; al contrario, requieren un sentido
    equilibrado de proporción.
    El sexto y séptimo precepto son los más fáciles de violar:
    «Todo el mundo es raro excepto tú y yo, e incluso tú eres
    un poco raro». Así nos separamos de otros cayendo en el
    engaño ilusorio más grave de la Humanidad.

8. *No escatimar los bienes del Dharma.* Aquí el Dharma in-
    cluye las enseñanzas del Buda y todas las otras cosas. La
    verdad se manifiesta a todo nuestro alrededor. Oscurecer
    este hecho con conductas y charlas egocéntricas supone
    una violación de este precepto.
    Estar libre de egocentrismo significa tener un espíritu
    amplio y generoso que comparte tesoros desde el cuenco
    del Buda y las otras cosas que llegan temporalmente a
    nuestras manos. Maezumi Roshi traduce así este precep-
    to: «No seas avaro»[37].
    Aun así, tú cuentas como uno ante todos los seres, yo
    también cuento como uno. Puedo ayudarte a comprar
    una máquina de escribir, pero tú no puedes tener la que

hay en mi estudio: yo la necesito para mi trabajo.

9. *No permitir que la ira nos domine.* En realidad, no hay ira ni nadie contra quien dirigir nuestra ira. Pero en las circunstancias más bien exigentes del entrenamiento Zen, viejos traumas volverán a surgir y, en consecuencia, nos encontraremos a veces completamente inmersos en la ira. No se puede evitar. La ira es una emoción y la emoción es expresión de vitalidad. Si reconocemos que nuestros sentimientos surgen desde el interior y no están necesariamente justificados por lo que está sucediendo en nuestro exterior, podemos cambiar, reconociendo: «Es falta mía».

    A veces, sin embargo, levantamos la voz y adoptamos una postura grave. Dependiendo de las circunstancias, si esto ayuda al progreso de la práctica del Zen de otros, no es una violación del precepto. Sin embargo, dejarse llevar por la ira separa a las personas más que unirlas. La ira está estrechamente ligada al odio o al rencor, que suponen una perpetuación de la ira que de alguna manera alimenta la autoestima, del mismo modo que la codicia puede alimentar el egoísmo, y aferrarnos al error puede proteger la imagen propia. El odio es un veneno que separa permanentemente a la gente, creando y justificando violaciones de todos los preceptos, extinguiendo toda probabilidad de compasión.

10. *No difamar a los Tres Tesoros.* El Buda, el Dharma y la Sangha están, por supuesto, más allá de la difamación; ésta, en sí, son los Tres Tesoros. Pero se necesita un ojo abierto para verlo. La difamación frívola de la iluminación, del camino y de la comunidad puede acabar con el entusiasmo de los discípulos que practican seriamente y bloquearles el camino a la iluminación.

El cotilleo puede dañar el delicado tejido de la Sangha. El comportamiento inapropiado como budista puede también ser dañino. Todo estudiante budista del Zen es un líder de la Sangha e influye en los otros estudiantes, pero sobre todo son los veteranos los que tienen una responsabilidad grande. Su conducta establece el tono en el centro de entrenamiento y los Tres Tesoros son iluminados u oscurecidos de acuerdo con sus actos.

Confidencialidad

A los preceptos clásicos me gustaría agregar uno más: el precepto del silencio sobre la práctica personal. Esta precaución se subraya en todos los centros de entrenamiento, pero se viola frecuentemente.

No hay nada que distraiga más a un estudiante Zen que escuchar: «Roshi me dijo esto y aquello». Esas palabras eran únicamente para ese estudiante y pueden ser inapropiadas para otra persona. Si fueron palabras de aprobación, entonces hay un implícito menosprecio de los otros. Sé considerado hacia los demás, mantén el carácter personal de tu práctica.

Guardar silencio respecto a la propia práctica evita que la Sangha se vuelva competitiva y elitista. No es necesario hablar de los koan que se han resuelto con el fin de destacar como discípulo Zen. Mantén tales cuestiones privadas entre tú y tu maestro.

Por supuesto, el espíritu del secreto puede ser exagerado y puede contribuir a crear un ambiente de especulación que confunde y distrae. El hecho de que alguien está progresando en la práctica es evidente para todos. No hay necesidad de negarlo. Cultiva el sentido de la proporción.

Zen y ética

He oído comentar: puesto que el Zen dice que debemos establecernos en un punto en el que no haya conceptos tales como bien y mal, se deduce que el Zen no tiene una aplicación ética. Pero si no hubiera una aplicación de nuestra experiencia de la unidad y de la individualidad de todos los seres, entonces el Zen sería sólo un ejercicio estéril en soledad; el camino de la muerte. Yamada Roshi dice: «El propósito del Zen es la perfección del carácter»; es el camino de caer en la cuenta de la naturaleza propia, y su fruto tiene que verse en la práctica de la armonía en la vida cotidiana. En el centro de entrenamiento del Zen se dan todas las condiciones del mundo. Si tu conducta allí es sociable lo estás haciendo muy bien.

Recuerdo la historia del Roshi Nido de pájaro, un maestro que vivió en el periodo T'ang e hizo zazen en un árbol. El gobernador de su provincia, Bo Jui (Hakurakuten), supo acerca del Roshi Nido de pájaro y fue a verlo. Este Bo Jui (Hakurakuten) no era un político común, fue uno de los más grandes poetas de China, bien conocido por sus expresiones de budismo Zen.

Bo Jui (Hakurakuten) encontró al Roshi Nido de pájaro sentado en su árbol, haciendo zazen. Le llamó diciendo: «Oh, Nido de pájaro, me parece que estás muy inseguro allí arriba».

El Roshi Nido de pájaro miró hacia abajo a Bo Jui (Hakurakuten), y le replicó: «Oh, gobernador, me pareces muy inseguro allí abajo». Todas las cosas están sujetas a la ley del cambio y las posiciones políticas son lo más efímero de todo. Bo Jui (Hakurakuten) sabía muy bien lo que el Roshi Nido de pájaro estaba diciendo. Así que cambió de táctica.

—Dime —le dijo—, ¿qué es lo que todos los Budas enseñaron? —Roshi Nido de pájaro replicó, citando el *Dhammapada*:

Siempre haz el bien,
nunca hagas el mal,
mantén tu mente pura,
es así como todos los Budas enseñaron.

Entonces, Bo Jui (Hakurakuten) dijo:

–Siempre haz el bien; nunca hagas el mal: mantén tu mente pura... Yo supe eso cuando tenía tres años.

–Sí –dijo Roshi Nido de pájaro–, un chico de tres años de edad puede saberlo, pero ni un hombre de ochenta años puede ponerlo en práctica[38].

La perfección del carácter se dará cuando caigamos en la cuenta de nuestra mente pura, pero como dijo Hui-neng (Eno): «Con un pensamiento común eres nuevamente una persona común»[39]. La práctica en la vida diaria es la misma que en tu cojín. Examina tus pensamientos comunes de codicia, odio e ignorancia y vuelve a tu mente pura original. Igual que la práctica del Zen, la transformación del carácter suele ser una tarea de por vida. Cito nuevamente a Yamada Roshi: «El estudio del Zen significa la transformación del carácter».

CAPÍTULO 8

Estableciendo la práctica

La práctica del Zen consiste en la transformación de una persona que desconoce la naturaleza búdica en una persona que ha caído en la cuenta de la naturaleza auténtica de las cosas. Esto implica olvidarse de sí mismo y unirse con el objeto de la atención. En la historia del budismo Zen, sólo el fundador, Shakyamuni Buda, llegó a la madurez total, sin ni siquiera una mínima guía por parte de un maestro. El Gran Sexto Patriarca, Hui-neng, y algunos pocos genios más, crecieron en un ambiente imbuido de vigor iluminativo y requirieron sólo la confirmación de su propia iluminación por parte de un maestro verdadero. El resto de nosotros necesita tener un guía. La persona que dice que no es necesario un maestro, en mi opinión no suele estar preparada para comenzar a practicar zazen.

El papel del Roshi

Desde el principio, es importante comprender la función del Roshi. Para empezar, el título de «Roshi» significa simplemente «viejo maestro». Es tanto una expresión de cariño como un título oficial. No significa gurú, y la diferencia es importante.

El Roshi es alguien que nos guía a través de tierras desconocidas. Igual que un guía en la jungla tropical debe ser firme al exigir cierta conducta, así el Roshi debe requerir ciertos modos de práctica. Ya que el objeto del zazen es desprenderse totalmente de sí mismo al hacerse uno con el contar de las respiraciones o con el koan, el Roshi está a nuestro lado y alienta al discípulo a experimentar ese desprendimiento. Cuando las ataduras del yo caen completamente, puede darse una experiencia maravillosa. El Roshi alienta entonces al discípulo a comprenderla en toda su envergadura y a aprender a integrarla en todas las circunstancias de la vida.

El gurú también alienta el desprendimiento, pero a través de la identificación con el gurú. El gurú es omnipotente, y aunque él o ella pueden tratar de alentar al discípulo a encontrar una independencia interior, el Dharma tendrá un nombre y un rostro específico y el estudiante no puede ser verdaderamente libre.

Quizá no esté haciendo una presentación precisa de las relaciones entre el gurú y sus discípulos que pueda aplicarse en todos los casos, pero quiero mostrar que el Roshi desea que cada persona se desarrolle a su máximo potencial. Al Roshi no le interesa ser deificado y rehusará que lo pongan en tal posición.

Fe en el Roshi

Igual que debemos tener fe en nuestra guía al atravesar un bosque desconocido, es la fe en el Roshi esencial. Esto no supone una glorificación del Roshi, sino que es un asunto de extrema importancia para el discípulo. Sin esta fe, el zazen se vuelve una práctica estéril de concentración, sin ninguna relación con la experiencia de iluminación y más allá de ella. Al discípulo le faltará la confianza necesaria para el verdadero desprendimiento.

Es como un clavadista novato en el trampolín más alto.

El entrenador dice: «Adelante; zambúllete». Si el atleta confía en el entrenador, podrá lanzarse, al menos en esa dimensión. Si no, la retirada es la única opción. El Roshi tendrá sus debilidades, como cualquier otro ser humano. Pero hay que tener fe en el Roshi, no es cuestión de esperar su perfección.

Como no le interesa el proselitismo, el Roshi estará contento si un estudiante encuentra un verdadero hogar con otro maestro Zen. Pero una vez que se ha establecido la relación entre maestro y discípulo, será necesario dar unos pasos formales para cambiar de maestro. Habla de ello con tu Roshi, y pídele referencias. No hay que presentar disculpas y no habrá recriminaciones. Desde los primeros tiempos ha habido discípulos que han optado por dar este paso, a veces incluso a sugerencia de sus maestros originales.

Esto no tiene nada que ver con saltar de «sesshin a sesshin». Cambiar los maestros a la ligera es un despilfarro de energía y el discípulo no encontrará el sosiego necesario para su práctica. Y, después de todo, en eso consiste el zazen: en sosegarse.

Tanto el Roshi como el discípulo ponen de su parte en la relación que se está formando entre ellos. Si prevees cambios en tu vida que puedan afectar a tu práctica, tales como mudarte lejos de la Sangha, asegúrate de que tu Roshi lo sepa con tiempo.

Cómo presentarse ante el maestro

Cuando era maestro de escuela siempre pensaba que no era un caso tan perdido el estudiante que me arrojaba un pedazo de tiza cuando le daba la espalda, como aquél que apoyaba la cabeza en el escritorio. Aquel pedazo de tiza me daba la oportunidad de hacer algo, de decir algo: pero ¿qué puede uno hacer si no hay respuesta? Al tener la entrevista con el Roshi, es importante expresarse con claridad y mostrar algo de uno mismo. Pero, desde luego, no trates de estrujar tu cerebro para formular una pregunta. Si no sabes qué decir, simplemente entra a la entrevista y di: «No tengo nada que decir». Es una presentación perfecta de la situación.

La esencia del budismo Zen, como también la de otras religiones, está en el diálogo. Tal diálogo tiene el propósito de despertar al estudiante. No está pensado como apoyo de la autoestima de ninguna de las dos partes.

Un monje le dijo a Yuehshan Weiyan (Yakusan Igen):

—Tengo un problema, ¿lo resolverías para mí?

Yuehshan (Yakusan) dijo:

—Lo resolveré para ti esta noche.

Esa tarde, Yuehshan (Yakusan) ascendió al asiento elevado y dijo:

—Que el monje que tiene un problema dé un paso adelante.

El monje dio un paso adelante. Yuehshan (Yakusan) descendió de su asiento, tomó al monje de las solapas de su hábito, lo sacudió y gritó:

—¡Oh monjes, este compañero tiene un problema!

Luego lo empujó y salió.[40]

No malinterpretes esta historia. El Roshi respondió directa y compasivamente a la petición del monje. La conciencia del Roshi es el contenido de la historia, y ésta es la conciencia que debes mostrar a tu propio Roshi cuando trabajas esto como un koan. Pero Yuehshan (Yakusan) estaba diciendo también algo sobre los problemas en general. Si no hay problema, no hay ansiedad; si no hay ansiedad, ¿dónde encontrarás la energía necesaria para tu práctica?

Puede surgir un problema práctico, tal como: «Mi madre está enferma. ¿Debo ir a casa a verla o quedarme aquí en el centro de entrenamiento?»

Esa cuestión se puede tratar con el Roshi en un nivel muy diferente. El Roshi será entonces un consejero. Un miembro antiguo de la Sangha, con el que se tiene confianza, también podría asumir esta tarea de consejero.

Shoken y dokusan

Después de haber hecho un cursillo de introducción al Zen y después de haber escuchado un *teisho* del Roshi (charla Dharma) y, quizás, después de que te has encontrado con él o ella informalmente, ya sabes lo suficiente para saber si deseas que este Roshi sea tu propio maestro Zen. Si decides en sentido afirmativo, se harán los arreglos para que tengas *shoken*, tu primera entrevista formal. Esto difiere mucho de centro a centro.

En la tradición de la *Diamond Sangha* se hacen tres postraciones en el suelo durante el *dokusan* (entrevista con el Roshi). En *shoken*, sin embargo, se hacen nueve postraciones y se ofrece dinero para incienso, un gesto que subraya tu compromiso como discípulo del Roshi.

El Roshi te preguntará por qué deseas hacer zazen. Esto es una pregunta importante y debes estar preparado de antemano para responderla. De todos modos, si no tienes respuesta, está bien. Di justo eso, es una respuesta. El punto es que el Roshi quiere adecuar su modo de enseñar con tus necesidades. Te preguntará tu edad, estado civil, ocupación y otras cosas para estar más familiarizado contigo.

Pero la pregunta principal es: «¿Qué te trae aquí?» Una vez, en el zendo de Maui, la rueda del coche de unas personas se pinchó justo frente al zendo; entraron a usar el teléfono y se quedaron seis meses. Cada encuentro humano tiene su significado y no hay ninguna necesidad de ofrecer una razón de envergadura para justificar la asistencia al cursillo de Zen.

El Roshi quiere brindar una enseñanza apropiada para

ti. No es bueno dar comida picante a quien tiene úlceras. Muestra a tu manera cuál es tu posición. Después de haberte presentado, el Roshi sugerirá una práctica para ti; uno de los estilos de zazen que ya has intentado, o el koan *Mu*. Habrá tiempo para hacer preguntas al final de la entrevista, pero puedes interrumpir la conversación con preguntas en cualquier punto. Más tarde vendrán las dudas y podrás volver a dokusan con ellas.

Yasutani Roshi solía decir que en el cuarto de dokusan no son muy apropiadas las preguntas sobre el mejor libro para el estudio del Zen o acerca de la filosofía budista. «Si quieres saber por qué te duelen los dientes o por qué tu estomago gruñe cuando haces zazen, hablaré con gusto de eso contigo». Mi forma de actuar es que acepto cualquier pregunta, pero acordamos una cita para otro momento con el fin de tener más tiempo para discutirla. En dokusan tenemos sólo unos pocos minutos de interacción, vienen muchas personas, una tras otra en un periodo relativamente corto.

Hay que seguir unos procedimientos sencillos en el cuarto del dokusan que puedes ensayar de antemano con un miembro más antiguo de la Sangha. Su finalidad consiste en crear un ambiente de apertura y respeto. Las postraciones, en las que soltamos todo, son gestos que expresan que estás preparado.

Conclusión

Puedes venir a practicar zazen en los centros de la *Diamond Sangha* sin tener que pasar nunca por shoken o dokusan. La única restricción consiste en que no puedes asistir a los sesshin; para eso es imprescindible que hayas comenzado a trabajar con el Roshi. Otros centros Zen pueden ser más estrictos en estas cuestiones.

Me gustaría ahora que vuelvas a contar las respiraciones en tu zazen. Puedes elegir contar sólo tus exhalaciones o contar ambas, inhalaciones y exhalaciones. Estás embarcándote en una gran aventura: tu propio viaje hacia el interior del bosque de la práctica Zen. Como nuestro fundador, Shakyamuni Buda, experimentarás tanto desaliento como comprensión. Y como Shakyamuni y sus sucesores, puedes esperar que un día veas tu propia naturaleza esencial y la naturaleza esencial de todos los seres y cosas.

El primer paso es, en esencia, el mismo que el último. No te ocupes de tu progreso o desarrollo. Cada respiración, cada número que cuentas, es idéntico a la secuencia del contar, es decir, al infinito mismo.

El koan Mu

Ya hemos introducido los fundamentos y métodos de la práctica del Zen. Ahora quiero hablar del koan «Mu», que el Roshi puede asignar a los discípulos que tienen un interés específico en la experiencia de iluminación, una vez que estén familiarizados con la técnica de contar las respiraciones. Proviene del *Wumenguan (Mumonkan)*, una colección de casos clásicos del Zen con comentarios recopilados por Wumen Huikai (Mumon Ekai) en los albores del siglo XII.

EL CASO

Un monje preguntó a Zhaozhou (Joshu):
—¿Tiene el perro naturaleza de Buda?
Zhaozhou (Joshu) dijo:
—Mu.

Comentario de Wumen (Mumon)

Para la práctica del Zen, es imperativo que pases por la barrera que pusieron los antiguos maestros. Para la iluminación sutil, es de suprema importancia que cortes el camino de la mente. Si no pasas la barrera de los antiguos, si no cortas el camino de la mente, entonces eres como un fantasma adhiriéndose a los matorrales y las hierbas.

¿Cuál es la barrera de los antiguos maestros? Es sólo esta palabra única. Mu; la barrera única de nuestra fe. La llamamos la «Barrera sin puerta de la escuela Zen». Cuando atraviesas esta barrera, no sólo verás a Zhaozhou (Joshu) cara a cara, sino también caminarás mano a mano con todos los antiguos maestros de las sucesivas generaciones de nuestro linaje y estarás pegado a ellos ceja con ceja, viendo con el mismo ojo con el que ellos ven y oyendo con el mismo oído con el que ellos oyen. ¿No es esto gozoso? ¿Hay alguno que no quisiera pasar esta barrera?

Entonces convierte todo tu cuerpo en una masa de duda, y con tus trescientos sesenta huesos y articulaciones y tus ochenta y cuatro mil poros concéntrate en esta única palabra Mu. Día y noche, sin desfallecer jamás, has de abismarte en Mu. Pero no lo consideres nunca como nada. No pienses en términos de «tiene» o «no tiene». Es como tragarse una bola de hierro incandescente. Tratas de vomitarla pero no puedes. Gradualmente te purificas, eliminando conocimientos y actitudes erradas que has sostenido desde el pasado. Lo interior y lo exterior se vuelven uno, y eres como un sordomudo que ha tenido un sueño. Lo sabes sólo para ti mismo.

Súbitamente Mu se abre. Los cielos se asombran, la tierra se sacude. Es como si hubieras arrebatado la gran espada al general Guan (Kan). Cuando encuentras al Buda, matas al Buda; cuando encuentras a Bodidharma, matas a Bodhidarma. Al mismo borde del acantilado de vida y muerte, encuentras la gran libertad. En los seis mundos y en los cuatro modos de nacimiento disfrutas el samadhi del juego inocente.

Así que ¿cómo debes trabajar con esto? Agota toda tu energía vital en esta única palabra: Mu. Si nunca te das por vencido, ¡llegarás a estar iluminado! Una única chispa enciende tu vela del Dharma.

Poema de Wumen (Mumon)

¡Perro! ¡Naturaleza de Buda!
¡La presentación perfecta de la totalidad!
Con una pizca de «tiene» o «no tiene»
Se pierde el cuerpo, se pierde la vida.[41]

Zhaozhou Congshen (*Joshu Jushin*)

Zhaozhou (en japonés, *Joshu*) fue un notable maestro en una era notable. Vivió en el periodo T'ang, la era de oro del Zen, hasta la edad de 120 años (778-897). Los maestros Zen destacan por su longevidad, y muchos en el pasado vivieron hasta los 80 y 90 años en una época en la cual la duración de la vida oscilaba alrededor de los 50 años. A lo mejor pensáis que la longevidad es un fenómeno físico, una combinación de buenos genes, buena dieta, etc. No voy a discutir este punto. Dejad vuestros juicios y mirad la historia de vuestra vida. Zhaozhou (Joshu) se ordenó cuando era joven y fue a estudiar con Nanquan Puyuan (Nansen Fugan) cuando tenía dieciocho años. En ese tiempo Nanquan (Nansen) no se sentía bien, por eso su primera entrevista fue en la habitación, con Nanquan (Nansen) en la cama.

Nanquan (Nansen) le preguntó:
—¿Dónde has estado últimamente?
Zhaozhou (Joshu) dijo:
—En Shuixiang (Zuizo) (literalmente: imagen milagrosa).
Nanquan (Nansen) preguntó:
—¿Has visto la imagen milagrosa?
Zhaozhou (Joshu) dijo:
—No he visto la imagen, pero he visto a un Tathagata

reclinado.[42]

El diálogo continuó, pero Nanquan (Nansen) ya se había dado cuenta de que el joven prometía. Zhaozhou (Joshu) se quedó con Nanquan (Nansen) hasta que el maestro murió, cuarenta años después. Después del requisito de dos años de luto, Zhaozhou (Joshu) salió en peregrinaje a visitar los maestros sobresalientes de su época, para profundizar y clarificar su penetración en los diálogos Dharma. Cuando comenzó su peregrinaje, Zhaozhou (Joshu) anunció: «Si encuentro a un niño de siete años que pueda enseñarme, me quedaré allí y seré el discípulo del niño. Si encuentro a un hombre de cien años que busque mi guía, seré su maestro». En comparación con la veneración de Confucio por los ancianos y la protección de los niños, pueden apreciar la modestia y la resolución de Zhaozhou (Joshu) de volverse un discípulo digno de Buda. Finalmente, a la edad de ochenta años se estableció, aceptó discípulos y enseñó durante otros cuarenta años. Por lo tanto, aun en los comienzos de impartir enseñanza como maestro, Zhaozhou (Joshu) era muy viejo y le faltaba fuerza para gritar o golpear a sus discípulos. Su camino se llama «el Zen de los labios». Se dice que una luz parecía jugar alrededor de su boca cuando hablaba. Dogen Zenji, que criticaba severamente a sus predecesores, tenía sólo los mejores elogios para Zhaozhou (Joshu), y se refería a él como «Zhaozhou (Joshu), el viejo Buda».

El diálogo

Podemos estar seguros de que el monje que preguntó por la naturaleza búdica del perro sabía muy bien que todos los seres por naturaleza son Buda. Esto está claramente explicado en los sutras, algunos de los cuales el monje recitaba todos los días. Pero aún no había experimentado este hecho. Pensaba que la naturaleza de Buda es algo que se consigue. Tal vez murmuró: «Shakyamuni Buda se sentó bajo el árbol bodhi seis largos años antes de que alcanzara su naturaleza búdica. Mi maestro Zhaozhou (Joshu) estudió con su maestro durante cuarenta años y luego peregrinó durante otros veinte años antes de quedar convencido de su naturaleza búdica. Pero yo no creo tener ahora la naturaleza de Buda».

Para presentar su duda en la forma más concreta posible, preguntó a Zhaozhou (Joshu): «¿Tiene el perro naturaleza de Buda?»

—¿Pretende usted decirme que el miserable perro es un Buda desde el comienzo?

Por «naturaleza de Buda» se entiende: «naturaleza esencial, naturaleza verdadera, naturaleza auténtica». Realmente el monje está preguntando: «¿qué es la naturaleza de Buda?» Una pregunta verdaderamente fundamental. Zhaozhou (Joshu) dijo: «Mu»[43]. Mu significa «no» o «no tiene», pero Zhaozhou (Joshu) no estaba respondiendo al nivel de su significado corriente. Estaba mostrando su naturaleza búdica con su breve respuesta, y también estaba mostrando cómo practicar. «Muuuuuuu», suavemente en su presentación, en silencio sentado en tu cojín. Inhala y exhala Mu. O bien, solamente exhala Mu y mantén tu mente firme y quieta en tus inhalaciones. Cuando te sientes, comienza a contar tus respiraciones del uno al diez en la forma acostumbrada. Haz esto durante una o más secuencias, hasta que tu mente esté razonablemente quieta, entonces coge Mu. Recuerda: no es que estés focalizando en Mu, esto serían dos cosas. Deja que Mu respire Mu. Mu tiene que volverse algo muy íntimo tuyo.

El comentario

Aunque Mu era ciertamente un koan popular antes de que el *Wumenguan (Mumonkan)* fuese publicado (Wumen –Mumon– mismo trabajó en él durante seis años) es el comentario de Wumen (Mumon) el que estableció la palabra como la primera barrera importante para todos los discípulos Zen interesados en alcanzar la iluminación. Yamada Roshi señala que el comentario es único entre los escritos Zen, porque se trata de una explicación condensada de cómo hacer zazen que no se encuentra en ningún otro lugar. De ahí que tenga un valor excepcional y merezca que lo estudiemos en detalle.

Para la práctica del Zen, es imperativo que pases a través de la barrera que pusieron los antiguos maestros. Esta frase resume el espíritu de lo que se puede llamar el koan Zen, es decir, el Zen que conduce al discípulo a la iluminación mediante la focalización en una sola palabra o frase o acción establecida por un antiguo maestro. Puedes lograr un samadhi profundo y tranquilo. Puedes dominar todas las abstrusas formulaciones de la filosofía budista. Puedes tener un espíritu grande y generoso, pero todavía tienes que caer en la cuenta de lo que significa Mu, el dedo levantado de Juzhi (Gutei), la salida de Yueshan (Yakusan) de la habitación.

Para alcanzar la iluminación sutil es de suprema importancia que cortes el camino de la mente. La palabra que he traducido aquí como «sutil» podría traducirse igualmente por «maravillosa». Para alcanzar esa experiencia de la naturaleza esencial debes cortar el flujo de tus pensamientos.

Un monje preguntó a Zhaozhou (Joshu):
–¿Cómo debo usar las veinticuatro horas?
Zhaozhou (Joshu) respondió:
–Tú estás siendo usado por las veinticuatro horas, yo

utilizo las veinticuatro horas.[44]

Tú estás siendo usado por las veinticuatro horas porque estás siendo utilizado por tus pensamientos. Un flujo constante de pensamientos pasa a lo largo de las veinticuatro horas por tu cabeza y te manipula. Debes darle la vuelta a este proceso y cultivar una mente quieta, capaz de generar pensamientos adecuados a las circunstancias que haya.

El zazen consigue invertir este proceso al volverte íntimo con Mu y todas las distracciones irán desapareciendo por sí solas. Esto no significa que estemos cortando la fuente de la que proceden los pensamientos. Es más bien cultivar la paz que traspasa toda comprensión y que da surgimiento a un verdadero sentido de proporción.

Una vieja amiga del Zen me escribió sobre su experiencia de cortar el camino de la mente:

Las cosas están yendo muy suavemente para mí ahora. Por un lado, estoy tan ocupada que no puedo pensar en nada más que en lo que voy a comer mañana y en cómo me voy a desembarazar de todas esas sobras, pero también por primera vez, realmente en la actualidad, puedo sentir movimiento en mi práctica. He leído el último libro de Don Juan que dice que la llave de todo es «detener un diálogo interno» y de alguna manera me golpeó y comencé a hacerlo. Inmediatamente tuve la vívida experiencia de ser la sola creadora de todos mis pensamientos y sentimientos y por lo tanto tengo el control total. Todo lo que tengo que hacer cada vez es cerrar el diálogo, y las voces no existen más. No es que todavía estén allí y yo «simplemente no voy a pensar en ello» sino que realmente no están allí si yo no estoy allí. Repentinamente todas las situaciones que nunca pensé que podría manejar no son ni siquiera situaciones y, aun en el sentido más pesado, a pesar de que realmente nada ha cambiado.

Después de muchos años de hacer zazen, mi amiga

aprendió a usar las veinticuatro horas. No siempre lleva tanto tiempo.

Si no pasas la barrera de los antiguos, si no cortas el camino de la mente, entonces eres un fantasma que se adhiere a matorrales y hierbas. Cuando eres usado por tus pensamientos, tus pies no están firmemente plantados en la tierra. De hecho, ni siquiera tienes pies. Eres sólo la sombra de un ser humano llevado por las circunstancias, adherido a conceptos de nacimiento y muerte, causa y efecto, religioso y secular, interior y exterior. Tú, allí con el viento que silba a través de tu camisón: ¿Cuál es tu ser original?

¿Cuál es la barrera de los antiguos maestros? No presupongas que «barrera» significa «barricada», fíjate en el diccionario. Barrera también significa sitio de control, como una frontera. El camino está completamente abierto. ¡Muéstrame cómo estás con tu ser! ¡Muéstrame cómo estás con el universo! Bien, entonces puedes seguir. Es ese tipo de barrera.

Puedes decir que todo es una barrera; cuando tu esposa te grita, es una barrera; cuando tu coche se descompone en el camino, es una barrera. De ahí que algunos discípulos Zen dicen que todo es un koan. Es verdad, pero nos enfrentamos con tantos koan de la vida cotidiana que estamos desbordados. Si queremos solucionarlos es de suma importancia que cortemos esa cadena de problemas cuando estemos sentados en nuestros cojines y nos abismemos en Mu. Entonces nos daremos cuenta de que nuestros koan cotidianos en el fondo son transparentes y carecen de sustancia.

Es sólo esta palabra única, Mu, la barrera única de nuestra fe. Esto es, una sola palabra de una sola sílaba, que el autor anónimo de la *Nube del No Saber* te recomienda que tomes en tu meditación. Él propone «Dios», o «amor», o «pecado». Pero estas palabras están cargadas de sentido, y el sentido puede tender a mantenerte en conjeturas. Como dice

Yamada Roshi: «Mu no tiene sentido alguno», por lo tanto es una barrera peculiar del sendero del Zen.

No te equivoques; Mu está *lleno* de sentido. Se puede identificar, señalar, personalizar. Es como nadar, puedes decir qué es nadar, puedes imitar lo que es nadar, pero ¿tiene sentido? Una vez hice un curso de natación en la universidad de Hawai. Todas las semanas pasábamos tres horas en la piscina y una hora en clase. En la piscina nadábamos, y eso era nadar. En la clase estudiábamos anatomía y diagramas de los peces. Me pareció que eso no tenía nada que ver con nadar. De la misma manera, este libro no tiene nada que ver con el Zen.

La llamamos la barrera sin puerta de la escuela Zen. «Barrera sin puerta» es también la traducción del título del libro *Wumenguan (Mumonkan)*, y el nombre Wumen (Mumon) quiere decir «sin puerta». Wumen (Mumon) dijo que él no ordenó el *Wumenguan (Mumonkan)* de una manera particular, pero puso primero al perro de Zhaozhou (Joshu), y aquí él declara que Mu es la única barrera del camino del Zen. Innumerables discípulos Zen han experimentado esto en su propia práctica.

Cuando comencé con mi propia práctica, pensaba que «sin puerta» significa «impenetrable». ¡Qué gran error! El tordo chino canta fuerte y claramente en la mañana temprano. ¡Esto es! Una fruta madura que cae «¡pum!» sobre el tejado de nuestra casa a medianoche. ¡Eso es!

Cuando atraviesas esta barrera, no sólo verás a Zhaozhou (Joshu) cara a cara, sino también caminarás de la mano con todos los antiguos maestros en las sucesivas generaciones de nuestro linaje y estarás pegado a ellos ceja con ceja, viendo con el mismo ojo con el que ellos ven y oyendo con el mismo oído con el que ellos oyen. No solamente tendrás un dokusan íntimo con *Zhaozhou (Joshu)*, sino que tus cejas estarán unidas a las de los ilustres maestros de antaño. Esto no significa que estarás tan cerca de ellos que tus cejas estén en contacto físico con las de ellos. Quiere decir que tus cejas y las de ellos serán una y la misma.

No estaremos solamente en contacto íntimo con los antiguos maestros. Nos daremos cuenta de que nuestro acto de salir de la cama no está separado de las montañas, de los ríos y de la gran tierra misma. En los cuartos del dokusan en Japón se les da el siguiente koan a los discípulos: «¡Haz que el monte Fuji baile!» ¿Qué pasa con los pueblos que están alrededor en un momento así?

Entonces, convierte todo tu cuerpo en una masa de duda, y con tus trescientos sesenta huesos y articulaciones y tus ochenta y cuatro mil poros concéntrate en esta única palabra, Mu. En la literatura Zen se hace referencia a los tres requisitos para la práctica del Zen, que son la gran duda, la gran fe y la gran determinación[45]. Bien, estoy de acuerdo con que son importantes, pero generalmente están interpretados solamente en el nivel de un entrenamiento paso a paso. Muchas personas tienen problemas con ellos pensando: «¿Es mi duda, mi espíritu de indagación, lo suficientemente fuerte; tengo la fe suficiente; tengo la determinación necesaria?». Recuerden las palabras de Yasutani Roshi: «Un cinco por ciento de sinceridad es suficiente». El propósito serio de una persona que acude a nuestro centro para *hacer sentadas* con nosotros basta. Su sinceridad aumentará de allí en adelante.

Yamada Roshi dice: «La gran duda» significa «hacerse uno con Mu». Yo diría que «la gran fe» es el acto de inclinarse a la puerta del dojo y «la gran determinación» es el acto de balancearse hacia adelante y hacia atrás en arcos decrecientes antes de comenzar a contar tus respiraciones. No exageres tu práctica ni te pongas metas imposibles.

Sin embargo, es absolutamente necesario que atravieses la barrera. Usa toda tu energía en esta tarea, lo que no significa que estés tenso. Debes usar tu energía tan sólo en Mu.

Día y noche, sin desfallecer jamás, has de abismarte en Mu. Esto es un consejo de sesshin. Te levantas a las cuatro de la mañana y te acuestas a las nueve de la noche, manteniendo Mu en tu mente en zazen, en kinhin, durante las comidas y en el momento del descanso. Sin embargo, en sesshin se te puede pedir incluso que realices tareas que requieren toda tu atención. Si focalizas Mu mientras picas la zanahoria, ésa es tu práctica.

De la misma manera, en tu vida cotidiana de trabajo, tendrás un mini-sesshin por la mañana temprano y por la noche, pero durante el resto del día estarás ocupado con tu trabajo y tu familia. Una de las formas de averiguar cómo es la práctica de Mu de los discípulos será pedirles que expliquen Mu para que un bebé lo pueda entender. Canturrear «Muuuuu» no es la respuesta correcta.

Cuando estés conduciendo un coche, sólo conduce. Manténte alerta ante todas las exigencias. Cuando contestes el teléfono debes estar totalmente atento a aquél que te llama. Del mismo modo, deberíamos estar atentos en cada circunstancia. Practica la atención. Sin embargo, habrá momentos en que tengas un pequeño descanso, estás esperando el autobús, caminando por el pasillo, esperando al próximo cliente, en esos momentos puedes respirar Mu en silencio, sin llamar la atención. Aun en medio de una tarea, tendrás espacio para lo que Katsuki Sekida llamaba «un Mu de una respiración». Un sólo suspiro Muuuuu, y volverás a tu trabajo refrescado y consciente.

No lo consideres nunca como nada, no pienses en términos de tiene o no tiene. A estas alturas ya comprendes esto, pero la implicación de estas advertencias va más allá del koan. Hay algunas personas que caen en la trampa del vacío y siguen repitiéndose «no importa» o «todo es uno». Durante la revolución de las drogas en el último periodo de los años sesenta y el comienzo de los setenta me encontré con muchos jóvenes y muchachas que habían caído en esta trampa. A veces, una experiencia religiosa te llevará a tal estado. Una condición de «alma enferma» puede ser muy persuasiva. Estoy de acuerdo en que todo está vacío, pero al mismo tiempo también está pleno. Es a veces alto y a veces bajo; a veces fuerte y a veces débil; a veces luminoso y a veces oscuro. Ten cuidado con no caer en ideas simplistas.

A los maestros Zen les gusta contar la historia de Yajnadatta, quien siempre admiraba su rostro en el espejo. Un día se miró al espejo y no pudo verse. Pensó que había perdido la cabeza y salió corriendo y gritando: «¡No tengo cabeza, no tengo cabeza!» Sus amigos lo agarraron y lo sostuvieron tratando de persuadirle de que realmente tenía cabeza. Finalmente, uno de ellos le pegó en la cabeza. Con el dolor, repentinamente se dio cuenta de que su cabeza estaba en su lugar. Corriendo de nuevo gritaba: «¡Vaya, sí que tengo una cabeza!»[46] La moraleja habitual de esta historia es que tienes la naturaleza esencial desde el comienzo pero no lo sabes y tienes que sentarte en el cojín, escuchar los teishos y recibir una sacudida del Roshi para darte cuenta de lo que siempre ha sido verdad. Pero en nuestro caso, aquí no vale decir: «¡No tengo la naturaleza esencial!», o «¡Pues sí, tengo la naturaleza esencial!» Ambas respuestas son incorrectas.

Es como tragarse una bola de hierro incandescente. Tratas de vomitarla pero no puedes. Así describe Wumen (Mumon) un cierto momento en la maduración del proceso del estudio del koan. Mu se sienta allí en tus entrañas, tú ya no respiras Mu hacia dentro y hacia fuera. Mu respira Mu hacia el interior y hacia el exterior. Sabes que no puedes librarte de Mu en este punto y además ya no lo deseas. Te sientas Mu, te pones de pie Mu, caminas Mu. Sientes que Mu tiene su propio imperativo. ¿Qué es, pues? Mu.

Gradualmente te purificas, eliminando conocimientos erróneos y actitudes que has sostenido desde el pasado.

¿Cuáles son los conocimientos erróneos y las actitudes que has sostenido desde el pasado? Dogen Zenji dijo: «Es una ilusión que el ser avance y confirme las diez mil cosas»[47]. Suponemos que la gente, los animales y las cosas caen en categorías y conceptos, olvidando que nosotros mismos creamos esas categorías y conceptos. Ellos realmente no existen, excepto en la corteza cerebral humana. Cuando actuamos como si el grupo de al lado o el país vecino fueran peligrosos, se vuelven peligrosos. Cuando los hombres proyectan roles en las mujeres, únicamente las más decididas serán capaces de escapar. De esta forma dividimos el universo y limitamos su potencial.

Con la práctica del zazen, concentrados únicamente en Mu, llevamos a nuestro corazón la unidad vacía, que subyace y nutre todas las cosas. Cuando oyes «ruso», no necesariamente ves rojo. Cuando alguien dice «las damas primero», puedes disfrutar de una buena carcajada. Tus fijaciones están comenzando a derretirse.

Interior y exterior se vuelven uno. Uno de mis discípulos me informó que se sintió como una pelota de mimbre mientras estaba sentado en su cojín. Esto puede parecer extraño, pero fue un makyo genuino. Un sueño profundo de sí mismo como una débil canasta de mimbre con vacuidad dentro y fuera... Tengas o no una experiencia parecida, en ese estado la unidad vacía será evidente para ti.

Eres como un sordomudo que ha tenido un sueño. Lo sabes sólo para ti mismo. El señor Sekida acostumbraba a contarnos una ocasión en que él y un amigo, justo cuando salía el sol, estaban sentados en la galería del monasterio. Era el último día de un sesshin particularmente profundo y tranquilo. Naturalmente, uno no habla durante el sesshin pero, a pesar de ello, su amigo le habló. «Oh —dijo preocupado— el sol ha salido». Esta condición soñadora y olvidadiza puede ser otro paso en el sendero. A veces en dokusan le diré a un estudiante, «muéstrame Mu». El estudiante puede responder «Muuuuuu» completamente absorto; una condición muy prometedora.

Súbitamente Mu estalla. Los cielos se asombran y la tierra se sacude. ¡Pum! ¡El fruto golpea el tejado! ¡Esto es! ¡Al fin has visto el punto! ¡Una gran sorpresa! El universo dice: ¡Oh!

Algunas personas piensan que el estudio de los koan consiste en formarse una opinión sobre Mu y los siguientes casos de la práctica. Esto sería algo así como decir que nos hemos formado nuestra propia opinión sobre el contenido de un chiste. Los koan y los chistes no son iguales pero tienen una característica en común. Cada uno señala un punto. El punto de Mu es el mismo para ti y para mí y para Yamada Roshi y para sus discípulos japoneses y para todos los estudiantes del Zen en todas partes. Exactamente el mismo. Somos todos miembros de la misma sociedad con orificios en la nariz. La naturaleza esencial no es una cuestión de opinión.

Prosiguiendo un poco más con nuestra dudosa analogía con el chiste, vemos que algunas risas son una carcajada, otras una risita. Algunas experiencias de iluminación son profundas, algunas son sólo un toque. Yasutani Roshi solía decir que kensho, la experiencia de mirar la naturaleza verdadera, es como frotar una parte de un cristal empañado. Echas un vistazo a través del espacio limpio y lo que ves es definitivamente la naturaleza esencial. Pero todavía debes limpiar todas las impurezas del cristal, y finalmente apartarlo por completo.

Con ese vistazo inicial tienes una vida entera de trabajo por delante. Según la tradición de la escuela Sanbo-Kyodan, quedan todavía más de 500 koan para hacernos íntimos con ellos. En efecto, en una ceremonia para alguien que había completado su estudio de koan, Yasutani Roshi remarcó: «Su práctica acaba de comenzar». Cuando tenía 86 años, Yamamoto Gempo Roshi comenzó nuevamente con la práctica de leer el Sutra del Diamante en voz alta. En una ocasión señaló un pasaje y remarcó a su asistente: «Ahora por fin he comprendido bien este punto». Se dice popularmente entre la gente Zen: «Shakyamuni Buda todavía está practicando, y está sólo a mitad del camino».

Resolver el koan Mu es un hito importante en el camino. Se puede decir que hay dos clases de koan. El primero y todos los demás. Una vez pasado el primero, los otros son un poco más fáciles, puesto que ya conoces su espíritu básico. No es tan excepcional que alguien, en un solo dokusan, caiga en la cuenta de un llamado koan avanzado, aunque muchas veces se requiere más tiempo para ello. Otras veces uno se queda atascado y tendrá que aguantar algún tiempo hasta que se le revele el koan.

Es como si hubieras arrebatado la gran espada al general Guan (Kan). Wumen (Mumon) hace aquí una pequeña broma. El general Guan (Kan) es un famoso militar de la historia china, pero su nombre se escribe con el mismo ideograma que Guan (Kan), que significa barrera. Has arrebatado la barrera, eres ahora el rey o la reina de la montaña. Estás sentado solo en el pico de Daxiong (Daiyu). Se dice que cuando nació, Buda levantó una mano señalando hacia arriba, bajó la otra señalando hacia abajo, y anunció: «Sobre los cielos, bajo los cielos, solamente yo, solo y sagrado». Ésta es la experiencia del Arhat, solitario y sostenido en el vasto universo.

Cuando encuentras al Buda, matas al Buda; cuando encuentras a Bodhidharma, matas a Bodhidharma. Éste es un pasaje generalmente mal comprendido. El contexto tiene dos interpretaciones. Desde el punto de vista kármico significa que barres el pensamiento del Buda o de algún antiguo maestro: ¿Qué haces aquí, viejo Bodhidharma? ¡Vete!

Desde el punto de vista esencial no hay ningún Buda o antiguo maestro:

> *El asistente Kuo (Kaku) preguntó a Deshan Xuanjian (Tokusan Senkan):*
>
> *–¿Dónde se han ido todos los Budas y maestros ancestrales?*
>
> *Deshan (Tokusan) preguntó:*
>
> *–¿Qué dijiste?*
>
> *Kuo (Kaku) dijo:*
>
> *–He llamado a un caballo de carrera extraordinariamente fino para que salte, pero sólo apareció una tortuga coja.*
>
> *Deshan (Tokusan) no dijo nada.*[48]

¿Cuál es la diferencia de comprensión entre Deshan (Tokusan) y su asistente? Creo que el asistente conocía muy bien los puntos de vista kármicos y esenciales, pero Deshan (Tokusan) se había olvidado de ellos completamente.

Al mismo borde del acantilado de vida y muerte encuentras la gran libertad. Una vez, un estudiante vino a decirme que estaba deprimido porque se había dado cuenta de que no se puede depender de nada. Me reí, y él preguntó por qué me reía. Le dije: «¿Por qué crees que los ilustres hombres viejos del Zen siempre se dedicaban a hacer payasadas?» Se rió. La broma más grande del universo es el hecho de que no se puede depender de nada. Cuando ves esa broma, entonces eres libre para levantarte cuando suena el despertador.

En los seis mundos y en los cuatro modos de nacimiento, disfrutas el samadhi del juego inocente. Los seis mundos convencionales del budismo son los reinos del infierno, de los espíritus hambrientos, de los animales, demonios, seres humanos y cielos. Los cuatro modos de nacimiento en la vieja filosofía budista, fueron los nacidos de vientre, nacidos de huevo, nacidos de la humedad y nacidos de la metamorfosis. ¡En todo sitio! Hakuin Zenji dijo:«Cantar y bailar son la voz del Dharma»[49]; Wumen (Mumon) le da la vuelta y dice: »La voz del Dharma es cantar y bailar». Dedicarse al trabajo en el jardín y guisar: ¡eso es!

Entonces, ¿cómo debes trabajar en esto? Agota toda tu energía vital en esta única palabra: Mu. Debes tomar este consejo literalmente. Uno de mis amigos Zen en Japón usa la expresión: «Ciento por ciento de combustión». Quema todo tu combustible en este fuego de Mu. Ponerse tenso es, sin embargo, otra cosa. Cuando te pones tenso, te agotas. De todas formas, así es como cierta gente debe empezar: tensándose, agotándose, tensándose, agotándose. Deberás procurar pasar esta etapa y alcanzar un estado en el que la fuerza constante de la concentración y la meditación te llenará. Sólo Mu. Sólo Mu. Hay sólo Mu dentro, sólo Mu fuera, sólo Mu en todo el universo.

Si no vacilas, ¡entonces está hecho! Algunas personas leen aquí un mensaje invertido: «Si no está hecho, entonces debo estar vacilando». Esto no es correcto. Estás cultivando tu dojo, tu cuerpo y tu mente como el lugar sagrado de la iluminación. Una vez, cuando estaba desanimado por mi práctica, Nakagawa Roshi me citó a Zhaozhou (Joshu): »Si sigues mis instrucciones cuidadosamente y no obtienes una realización en veinte años, entonces puedes desenterrar mi cráneo y usarlo como cucharón para sacar excremento». Dejaremos que tus huesos descansen en paz, viejo Zhaozhou (Joshu).

Una única chispa enciende tu vela del Dharma. ¿Qué es esa única chispa? El geco canta: ¡Chi, chi, chi, chi, chi, chi!; el golpe sordo de la fruta; el aroma del incienso. ¿Estás listo? «Estar listo es todo».

El poema

> *¡Perro! ¡Naturaleza Buda!*
> *¡La perfecta presentación de la totalidad!*

Cuando te vuelves íntimo con Mu, entonces puedes trabajar estas líneas con tu Roshi, ¿qué es la presentación perfecta? Muéstramelo. ¡La totalidad del universo debe surgir!

> *Con una pizca de «tiene» o «no tiene»*
> *se pierde el cuerpo, se pierde la vida.*

Demos la vuelta a este verso. Cuando el cuerpo y la vida se pierden, no hay ni un poco de «tener» o «no tener». Cuando verdaderamente experimentes la gran muerte, te darás cuenta de que la gran vida no está limitada por tales dicotomías como «tiene» y «no tiene», «causa» y «efecto» e incluso «muerte» y «vida».

Maka Hannya Haramita Shin Gyo[*]
(Sutra del corazón)

Bodhisattva Avalokitesvara, ejercitando la profunda sabiduría trascendental,
reconoció que las cinco skandhas son vacío,
y así trascendió todo dolor.

Sariputra, forma no es sino vacío,
vacío no es sino forma.
Forma verdaderamente es vacío,
vacío es verdaderamente forma.
Lo mismo vale para sensaciones y entendimiento,
voluntad y consciencia.

Sariputra, las formas de todas las cosas son vacío.
No nacen, no mueren.
No son puras ni impuras,
no disminuyen ni aumentan.

De ahí que en el vacío no haya forma,
ni sensaciones, entendimiento, voluntad, ni consciencia.
Ni ojo, ni oído, ni nariz, ni lengua, ni cuerpo, ni mente,
ni color, ni tono, ni olor, ni gusto,
ni nada que se pueda tocar ni imaginar,
ni un ámbito de los sentidos,
ni uno del pensamiento,

---

[*]   Traducción tomada del cuaderno de recitación de la *Sangha Bai-ka-An.*

ni ignorancia, ni terminación de la ignorancia.

Y, así mismo, no hay vejez ni muerte,
ni un final de la vejez y de la muerte;
ni dolor, ni origen del dolor,
ni destrucción, ni camino, ni conocer, ni alcanzar.

Un bodhisattva vive de esta sabiduría
sin perturbaciones de la mente,
sin impedimentos y, por tanto, sin miedo.
Más allá de las ilusiones por fin estás en el nirvana.

Todos los que despertaron en el pasado
viven de esta sabiduría trascendental,
consiguen la iluminación suprema, perfecta e insuperable.

Has de saber, pues, que la sabiduría transcendental
es el gran mantra sagrado, el gran mantra radiante,
el mantra insuperable, el mantra sin igual que quita todo
dolor.
Es verdadero y sin falta,
es el mantra anunciado en la sabiduría trascendental.

Dice así:
Gate, Gate, Paragate, Parasamgate.
¡Bodhi Swaha!

Canto en Alabanza del Zazen
de Hakui Zenji[*]

Todos los seres por naturaleza son Buda,
del mismo modo que el hielo por naturaleza es agua.
Separado del agua no hay hielo,
separado de los seres no hay Buda.

¡Qué pena que las personas no aprecien lo cercano
y busquen la verdad allá lejos!
Son como quien estando en medio del agua grita de sed,
como un niño de casa rica que anda errante entre los pobres.

Perdidos por los caminos oscuros de la ignorancia
vamos vagando por los seis mundos,
de camino oscuro en camino oscuro.
¿Cuándo llegaremos a estar libres del nacer y morir?

¡Oh, el zazen del Mahayana! ¡A él la más grande de las alabanzas!
Compasión, mandamientos, las muchas paramitas,
arrepentimiento, ejercicio e incontables otras obras buenas:
todo ello tiene su origen en el zazen.

Con abismarse tan sólo una vez en el zazen
se borran incontables malas acciones del pasado.
¿Dónde quedan entonces los caminos oscuros?

---

[*]   Traducción tomada del cuaderno de recitación de la *Sangha Baika-An*.

La Tierra Pura no está lejos.

Oyendo esta verdad tan sólo una vez
y escuchándola con el corazón agradecido,
alabándola, honrándola,
se alcanzan bendiciones sin fin.

Pero los que se vuelven hacia dentro
y dan fe de la naturaleza propia
—esta naturaleza propia que es una no-naturaleza—
van mucho más allá de las meras doctrinas.

La puerta de la unidad de causa y efecto se abre.
El Camino no es ni dos ni tres.
Como forma que es no-forma, yendo o viniendo,
nunca estamos en otra parte más que aquí.
Como pensamiento que es no-pensamiento, hasta
el canto y el baile son la voz del Dharma.

¡Qué inmensamente libre es el cielo del samadhi!
¡Qué clara la luna llena de la cuádruple sabiduría!
¿Acaso le falta algo al momento presente?
Nirvana está ante nuestros ojos.
Este lugar es el País del Loto.
Este cuerpo es el Buda.

Apéndice: un Zen de medio pelo[*]

Me inicié en esto cuando un conocido señaló que mis escritos le recordaban la poesía oriental. Pedí prestadas algunas traducciones de literatura japonesa y china de la biblioteca y encontré a Bajiao (Basho) y Bo Jui (Hakurakuten).

Luego llegó la Segunda Guerra Mundial y me encontré preso en la isla de Guam; fui llevado a Japón e internado en Kobe. Los guardias de nuestro campo descubrieron mi interés en el haiku, y cuando se publicó el libro *Zen in English Literature* de R. H. Blyth, a finales de 1942, uno de ellos me dio un ejemplar.

Me fascinó el punto de vista de este libro. Lo leí una y otra vez, quizás diez veces y así fue como, a través de múltiples experiencias extrañas, me preparó para leer a Shakespeare, Basho y otros escritores profundos como si fuera la primera vez. El mundo parecía transparente, y yo estaba absurdamente feliz, a pesar de nuestra condición tan lamentable.

El Dr. Blyth estaba también internado en Kobe, y cuando unieron todos los campos de concentración de la ciudad en marzo de 1944, fuimos confinados fuera de la ciudad juntamente con otros 175 enemigos nacionales. Durante los siguientes catorce meses, hasta que terminó la guerra, aprendí

---

[*] Preparé este trabajo a petición de Yamada Roshi en noviembre de 1971. Se presenta aquí muy poco elaborado, con notas y un agregado final para explicarlo mejor y actualizarlo. Los términos que no se definieron antes aparecen en el glosario.

mucho del Zen de este maestro creativo, y decidí que haría zazen bajo la guía de un Roshi cuando tuviera la oportunidad.

Cuando me enviaron a los Estados Unidos, entré nuevamente en la Universidad de Hawai y me gradué en 1947 en Literatura Inglesa. Ese año me casé y, con mi esposa, viajé a Berkeley para estudiar literatura y lengua japonesa.

Uno de mis amigos estaba interesado en Krishnamurti, un maestro hindú cuyo punto de vista se puede comparar con el Zen. Él me persuadió de acompañarlo durante las vacaciones de Navidad de 1947 al sur de California, para tratar de encontrar a este maestro. Visitamos Ogai, una ciudad al norte de Los Ángeles, donde vivía Krishnamurti cuando estaba en los Estados Unidos, pero Krishnamurti estaba entonces en la India.

Viajamos más al sur, y me detuve en la librería Oriental de P. D. y Ione Perkins, en Pasadena. Allí conocí a Richard Gard, ahora un conocido estudioso del budismo. Era entonces director del negocio y estaba realizando su doctorado en el Claremont College. Nos habíamos conocido cuando ambos estudiábamos en la Universidad de Hawai antes de la guerra.

Yo estaba interesado en ver la extensa colección de libros sobre Zen de D. T. Suzuki, que la librería tenía a la venta, y le pregunté al señor Gard si sabía de algún maestro Zen en el sur de California. Me dijo que debía conocer al monje Kyogen Senzaki, y me dio su dirección, que era el Hotel Miyako, en la parte japonesa de Los Angeles.

Fui inmediatamente a ver a Senzaki Sensei y quedé muy impresionado por su personalidad maravillosa. Decidí estudiar con él y retorné al norte de California para traer a mi mujer. Ambos comenzamos a hacer zazen bajo su guía.

Senzaki Sensei nunca se llamó a sí mismo Roshi. Había hecho esfuerzos para llevar un verdadero Roshi de Japón, para facilitar a sus estudiantes un encuentro con él. Mas esos esfuerzos no tuvieron éxito, y así mantuvo el Dharma vivo lo mejor que pudo él mismo.

Nos sentábamos en sillas y recibíamos muy poca instrucción, excepto la que podíamos adquirir de su teisho. Lo demás lo aprendimos de sus maravillosos modales; su amabilidad y su modestia. Nos dio nombres budistas; el mío fue *Chotan*, que significa laguna profunda.

Senzaki Sensei había leído mucha literatura occidental y apreciaba especialmente al Maestro Eckhart, el místico germano de los siglos trece y catorce. Me citó a Eckhart:

El ojo con el que veo a Dios
es el mismo con el que Dios me ve a mí.

«¡Muéstrame ese ojo!», dijo Senzaki Sensei. Trabajé mucho en este koan y un día fui a verlo con una respuesta. Sentado frente a él, simplemente cerré mis ojos.

«¡Eh, eh!», gritó. «Bien, entonces, ¿dónde va cuando duermes?» No pude responder. Trabajé duro en este segundo koan también, y años más tarde, cuando estaba haciendo Mu con otros maestros, esa vieja pregunta saltó en mi cabeza.

En ese tiempo estaba estudiando para sacar el titulo de master en literatura japonesa en la Universidad de California en Los Ángeles, pero mi mujer no se encontraba a gusto en California, por lo que decidimos interrumpir nuestro zazen con Senzaki Sensei y regresar a Hawai donde ella podría estar cerca de su familia. De vuelta en Honolulu, me inscribí en un curso de literatura japonesa en la Universidad de Hawai para sacar allí el titulo de master, lo que conseguí en el año 1950, con mi tesis sobre «El Haiku de Basho y el Zen». En esta época nació nuestro hijo Tom.

Yo ansiaba regresar a Japón para hacer zazen, y obtuve una beca de un año allí con la ayuda del Dr. D.T. Suzuki, quien enseñó en la Universidad de Hawai durante el verano de 1949. Una vez en Japón viví durante cinco meses en Zenkyo An en Kenchoji, Kitakamakura, y asistí como oyente a la Universidad de Tokio. Esto fue en el otoño de 1950.

El Dr. Shokin Furuta y el Dr. Blyth me ayudaron a buscar una habitación en Zenkyo An y también a entrar en Engakuji para participar en un sesshin. Ésta fue mi primera experiencia de auténtico Zen. Tenía ya treinta y tres años y estaba bastante anquilosado. Las rodillas me dolían tanto del zazen que apenas pude andar unos pocos pasos. Tres semanas después del fin de este sesshin volví a Engakuji para el *sesshin rohatsu*, con las rodillas aún inflamadas tras mi experiencia de noviembre. Fue una auténtica agonía. Estaba desesperado.

Asahina Sogen Roshi y sus monjes fueron muy amables, pero en esos días los extranjeros eran personajes raros en un monasterio Zen, y los maestros Zen tenían muy poca experiencia en tratarlos. Supe que Senzaki Sensei tenía una estrecha relación con el monje Soen Nakagawa, en Ryutakuji, Mishima, así que escribí a Nakagawa Osho y él me invitó a visitar su monasterio*. Con mi interés en el haiku, nos hicimos enseguida amigos, y asistí al sesshin de enero en Ryutakuji, todavía con gran dolor, pero se me permitió usar las posiciones *Agura y Nihonza*, gracias a las cuales pude sobrevivir.

Asahina Roshi había tratado de traducir mi koan «ojo de Dios» en el «rostro y ojo original», de Hui-neng (Eno), pero al viejo maestro de Ryutakuji, Yamamoto Tempo Roshi, le pareció que esto era demasiado complicado para mí, de modo que me mandó trabajar con Mu. En el cuarto del dokusan sentí alguna resistencia a este cambio, pero al volver a mi cojín descubrí lo que es zazen realmente. Ya no era consciente de que las uniones de las baldosas en el suelo formaban un

---

* Nakagawa Soen Roshi era un poeta que escribió tanto en estilos modernos como clásicos.

diseño extraño. Pude al fin hundirme bajo la superficie de mi mente.

Después del sesshin de enero me mudé a Ryutakuji y viví allí hasta que regresé a Hawai el siguiente agosto. Fue una experiencia extraña. Disfruté estudiando con Nakagawa Osho, quien me alentó a escribir haikus y, además, hicimos un viaje inolvidable a Kyoto, Nara e Iga-Ueno relacionado con su próxima incorporación como Roshi en Ryutakuji.

Al mismo tiempo, sin embargo, estaba apenado por estar separado de mi esposa y mi hijo Tom, y al final quedé exhausto por el esfuerzo de mantener el programa del monasterio. En un *takuhatsu* (caminata para pedir limosna) a la ciudad de Namazu, cogí una disentería, y aguanté el sesshin del mes de junio de 1951 con esa terrible dolencia; estaba realmente muy enfermo. Cuando veo fotografías mías de ese periodo, difícilmente puedo reconocer mis rasgos en lo que parece casi una máscara mortuoria.

Nakagawa Osho, ahora Roshi, me llevó a un médico en Mishima que no me ayudó nada, y entonces busqué la ayuda del Dr. Blyth. Me llevó a su propio médico, quien me dio antibióticos y me curó la disentería. Sin embargo estaba aún muy débil y, a sugerencia de Nakagawa Roshi, me tomé un tiempo libre y descansé en un hotel en la península de Izu. No fue mucho descanso. Como se aproximaba el fin de mi año en Japón, me invadió un sentimiento cada vez más fuerte de haber fracasado, a pesar de la amabilidad de todos mis maestros y amigos.

Justo antes de mi partida para los Estados Unidos, estaba caminando con Nakagawa Roshi en el Hongo, cerca de la Universidad de Tokio, y vi una figura de Bodhidharma en el escaparate de la conocida librería budista Morie Shoten. El Roshi insistió en que comprara esa figura, y yo lo deseaba, ya que era una pieza poco común y verdaderamente artística. Me sentí avergonzado cuando él contó a nuestros amigos que ese Bodhidharma sería la figura central en el templo que yo establecería en los Estados Unidos. Esto era algo que sobrepasaba mi imaginación. Bodhidharma, sin embargo, me acompañó de regreso a Honolulu, más tarde a Los Ángeles y luego otra vez a Honolulu.

De nuevo reunido con mi mujer e hijo me di cuenta de que había expirado la pensión que el Gobierno me había concedido en compensación por el internamiento como prisionero en la guerra, y para sostener a mi familia me busqué un empleo como ejecutivo en una organización comunitaria en un pueblo cerca de Honolulu. Mi relación con mi esposa se había deteriorado durante mi ausencia y después de dos años más juntos, acordamos separarnos. Afortunadamente, ella y yo hemos sido capaces de volvernos buenos amigos con el transcurso del tiempo, y tengo la gran suerte de disfrutar de una relación muy buena con nuestro hijo Tom, que ahora tiene 21 años y está en el último año de la universidad[*].

Partí nuevamente al continente americano en el año 1953 y retomé mis estudios con Senzaki Sensei, pero la tensión que había vivido en los últimos dos años, unida a la precaria salud con que había vuelto del Japón, me produjeron un colapso físico total. Me pasé tiempo hospitalizado y después pasé muchos meses convaleciente.

Más tarde estuve un año o algo así trabajando para P. D. e Ione Perkins, los vendedores de libros de Asia, donde supe primero de Senzaki Sensei, y después uno de los estudiantes de Sensei me ayudó a encontrar un empleo en la escuela Happy Valley en Ojai, donde había buscado en vano a Krishnamurti varios años antes.

Durante ese periodo seguí haciendo zazen con Senzaki Sensei, pero mi relación con la gente era muy distante. Me sentía aislado e incapaz de comunicarme. Nakagawa Roshi

---

[*]   Thomas Aitken es hoy en día consejero escolar, empleado por el Departamento del Estado de Hawai.

visitó la Sangha de Los Ángeles por espacio de unos meses en 1954 y tuvimos una reunión muy interesante. Pero en general fue un periodo estéril.

Consulté a un psicólogo durante un año y luego, al mudarme a Ojai, acudí a un psiquiatra. Especialmente con la ayuda de este último fui capaz de soltarme un poco y expresar mis sentimientos. En febrero de 1957, Anne Hopkins, ayudante de dirección de la escuela Happy Valley, y yo nos casamos y nos fuimos a vivir a una hermosa casa de adobe con grandes ventanas y con vista a la quinta de nogales del Valle Ojai.

Anne y yo hicimos un viaje a Hawai ese verano y en Honolulu vimos que Tom, de siete años entonces, necesitaba a su padre, y también yo deseaba estar cerca de él, por lo que decidimos mudarnos a Hawai al año siguiente.

Al llegar a Japón pasamos dos semanas en Ryutakuji, donde encontramos al monje Eido Shimano (Tai San). Nos impresionó; era un joven sincero, diligente y digno, que hablaba un buen inglés, y era evidentemente el favorito de Nakagawa Roshi. Expresó su deseo de ir a los Estados Unidos, y nosotros estuvimos de acuerdo en ayudarlo.

Participé en un sesshin en Ryutakuji, y Anne y yo escalamos el Monte Fuji con Nakagawa Roshi. El Roshi luego nos llevó a Tokorozawa, donde pasamos el histórico sesshin de siete días en agosto de 1957 con Yasutani Roshi, en el que Akira Kubota y Tatsuo Hiyama tuvieron su kensho[*].

Éste fue el primer sesshin de Anne y ella lo cuenta como su primer paso en su práctica Zen. Para mí, Yasutani Roshi fue una revelación porque me pareció como que destilaba energía pura. Cuando finalizó el sesshin, con la excitación de los dos kenshos, lloré por no haber alcanzado la experiencia de iluminación a pesar de las circunstancias tan favorables.

––––––––––

[*] Hiyama y Kubota son hoy en día miembros antiguos del Sanun Zendo de Kamakura, que es guiado por Yamada Koun Roshi.

Regresamos para pasar nuestro último año en la escuela Happy Valley, haciendo planes para mudarnos a Hawai. En mayo de 1958, Senzaki Sensei murió a una edad avanzada y Nakagawa Roshi vino a California y, con los seguidores de Senzaki Sensei, dirigió dos sesshin en su memoria. Yo tuve el papel de *jisha* en el primero de estos sesshin, mientras que el Roshi asumió también la función de *jikijitsu*. Creo que fue el primer sesshin completo de siete días llevado de la forma tradicional en los Estados Unidos.

Emanuel Sherman, que más tarde fue a Japón para practicar Zen, fue jisha en el segundo sesshin, y antes de que comenzara, Anne y yo partimos para hacer nuestra mudanza a Honolulu. Pauline Offner, que también fue más tarde a Japón como estudiante Zen, asistió a ambos sesshin[*].

Durante esta visita de Nakagawa Roshi a Los Ángeles, Anne y yo le consultamos la idea de ayudar a Tai San a venir a los Estados Unidos. El Roshi accedió a permitirle ir el siguiente año. Estábamos muy contentos, en parte porque podríamos cumplir nuestra promesa a Tai San, y en parte porque pensamos que tenerlo con nosotros alentaría a Nakagawa Roshi a venir a los Estados Unidos de un modo regular.

Anne y yo llegamos a Honolulu y nos ocupamos en primer lugar de buscar un empleo para ganarnos la vida. Al fin se nos ocurrió establecer una librería de segunda mano especializada en religiones asiáticas y hawaianas. Mantuve un registro de todos los clientes interesados en religión asiática, de modo que cuando Tai San pudiera venir tendríamos una lista de gente que pudiera estar interesada en formar un grupo.

Sin embargo, Tai San enfermó y postergó su viaje. Decidí, si fuera posible, comenzar el *zazenkai* de todos modos y

---

[*]   Estos dos pioneros del Zen en occidente siguieron caminos separados para practicar el Zen en Japón, y luego fueron separadamente al sudeste de Asia donde se ordenaron como religiosos budistas. Ambos han muerto ya.

escribí a Nakagawa Roshi para pedir su autorización. Pauline Offner, quien por entonces estaba en Japón, regresó pasando por Honolulu en una visita familiar de emergencia, y trajo con ella la autorización para nuestros planes. De esta forma tuvimos nuestro primer encuentro en el salón de nuestra casa en octubre de 1959. Éramos en total cuatro personas, incluidos nosotros. Por fin, Bodhidharma quedó instalado.

Nos reunimos semanalmente hasta que Nakagawa Roshi vino a principios del año siguiente, 1960, a impartir un sesshin. A continuación nos reunimos dos veces por semana, y hemos mantenido este ritmo ininterrumpidamente en nuestro zendo de Honolulu. Durante su visita en la primavera del año 1960, Nakagawa Roshi viajó a California y pudo reanimar el antiguo grupo de Senzaki Sensei, que había estado languideciendo desde la muerte de éste. En su viaje de regreso pasó por Hawai y dio otro sesshin, y tuvimos la sensación de que nuestro grupo estaba entonces bien establecido. En agosto de ese año Tai San pudo venir al fin y dirigir nuestro zazen.

Por aquel entonces nos reunimos en nuestra casa cerca de *Koko Head*, un cráter cuyo nombre hawaiano fue en parte la razón para el nombre que Nakagawa Roshi dio a nuestro zendo: «Koko An»[*].

Sin embargo, no era muy adecuado para los encuentros, y lo vendimos para adquirir un lugar más grande cerca de la Universidad de Hawai, el actual Koko An. Desde allí se veía muy bien otro cráter, el *Diamond Head*, símbolo también de la playa Waikiki, y esto influyó en parte en la elección de nuestro nombre como organización: «Diamond Sangha»[**].

Nakagawa Roshi regresó en 1961 y nos dio otra vez dos

---

[*]   Koko An significa: «Pequeño templo justo aquí», en japonés

[**]   El nombre *Diamond Sangha* se refiere también al Sutra del Diamante.

sesshin, el primero en nuestro antiguo Koko An y el segundo en el nuevo. En este primer sesshin, en primavera, me sentí con una determinación particular. Me senté parte de varias noches y me encontré en un estado más bien profundo. Experimenté un makyo en el que estaba sentado en el suelo de un templo de piedra inmenso y viejo, con enormes pilares que sostenían un techo muy elevado. Unos monjes muy altos, vestidos de negro, caminaban lentamente a mi alrededor, recitando sutras con voces profundas. Toda la experiencia tenía el sabor de algo que venía desde un pasado remoto.

En la tarde del día quinto, Nakagawa Roshi dio un gran «*¡Katsu!*» en el zendo, y mi voz se unió a la suya, «¡Aaaah!» En el dokusan siguiente me hizo determinadas preguntas para averiguar mi estado de experiencia (esto lo sé ahora). No pude responder, y él simplemente dio por terminada la entrevista.

En un dokusan posterior dijo que yo había experimentado un poco de luz y que debía ser muy cuidadoso.

En su charla de clausura, al final del sesshin, el Roshi dijo: «Alguien obtuvo un poco de luz». Supe que se estaba refiriendo a mi experiencia, pero no le di mucha importancia. Sin embargo tuve la impresión de que mi mente era infinitamente amplia. Todo era brillante y nuevo. Me pareció que había tenido un buen sesshin.

Entre los dos sesshin en 1961 en Hawai Nakagawa Roshi visitó Los Ángeles y Nueva York, y en Nueva York dirigió su primer sesshin en la costa este, con la ayuda del doctor Paul Weisz y otros de sus seguidores. De esta forma sentó las bases para los futuros sesshin en la costa este, así como para algunas de las organizaciones Zen que florecen allí hoy en día.

Después del segundo sesshin de 1961 creamos *Diamond Sangha Newsletter*, que lleva ya once años de vida. En ella se han publicado importantes artículos sobre el Zen a lo largo de los años, y fue especialmente útil para coordinar los primeros viajes de los Roshis, Soen Nakagawa y Hakuun Yasutani. Más adelante se publicaron también artículos sobre la práctica del Zen de nuestro consejero Katsuki Sekida*.

En el verano de 1961 Anne y yo decidimos seguir nuestro entrenamiento en Japón. Vendimos nuestra librería, dejamos el zendo al cuidado de Tai San, y fuimos primero a Ryutakuji y luego, a sugerencia de Nakagawa Roshi, a Taihei An en Sekimachi, para trabajar con Yasutani Roshi. Yasutani Roshi nos recibió muy amablemente, y él y sus discípulos nos encontraron rápidamente una cabaña cercana y nos hicieron sentir como en nuestro hogar. Disfrutamos nuestras visitas por las mañanas temprano para ir a dokusan al zendo, y los sesshin periódicos. Aprendimos a apreciar el estilo de vida japonés, incluyendo las visitas diarias al baño público. La práctica intensiva nos aportó mucho a los dos e hicimos valiosas amistades con los miembros del Zazenkai de Sekimachi y Kamakura. Desgraciadamente, estuve en aquel tiempo muy sensible al tatami sobre el que dormíamos y tuve ataques frecuentes de asma, pero traté de ignorarlos y, según recuerdo, sólo perdí parte de un sesshin.

Hacia finales de nuestra estancia en Japón, Philip Kapleau me comunicó el deseo de Yasutani Roshi de viajar a los Estados Unidos para impartir sesshin allí. Lo hablé personalmente con Yasutani Roshi, quien me confirmó ese deseo suyo y, además, me dijo que le gustaría retirarse en Hawai. Nos encantó ese proyecto, y le aseguramos que haríamos todo lo posible para ayudarlo.

Nakagawa Roshi debía venir a los Estados Unidos nuevamente en 1962, pero su madre murió y él canceló el viaje, pidiendo que Yasutani Roshi fuera en su lugar. Creo que al mismo tiempo confió el entrenamiento de Tai San a Yasutani

---

* La revista finalizó, y mis charlas y otros artículos aparecen ahora en nuestra revista trimestral *Blind Donkey*. La *Diamond Sangha* publica también *Kahawai*, revista de mujeres en el Zen.

Roshi.

Así comenzó una larga serie de viajes de Yasutani Roshi a los Estados Unidos, que duró hasta el año 1969. Cuando recuerdo el sacrificio de tiempo y energía que nuestro viejo maestro hizo por nosotros, me siento profundamente indigno de todo este trabajo dedicado y concentrado de su parte.

Antes de cada sesshin yo sentía como una gran anticipación, esperaba que alcanzaría el mismo nivel espiritual que alcancé en el primer sesshin de 1961, pero nunca lo hice. El Roshi era amable y alentador, pero yo en dokusan no tenía nada que decir y, en secreto, me sentía profundamente desalentado. Me parecía estar atascado en mi práctica.

Con la perspectiva de Yasutani Roshi de retirarse a Hawai, compramos una propiedad en Pupukea, ubicada en la parte rural de Oahu, y todos los miembros pasaron todos los fines de semana de un año reparando la pequeña casa y pintándola para el confort y placer del Roshi y Satomi San*. También limpiamos el terreno, hicimos un jardín y plantamos árboles frutales.

En 1964 Tai San aceptó una invitación para mudarse a Nueva York, donde logró levantar con éxito el zendo de Nueva York de la *Zen Studies Society*, y recientemente establecer un centro en el monte en la parte alta de Nueva York. Yasutani Roshi se enfrentó con la perspectiva de jubilarse en un país extranjero sin los servicios de un buen intérprete. Mientras tanto, fue presionado por sus discípulos en Japón para posponer su retiro, por lo que decidió prescindir del proyecto de Pupukea. Comprendimos su situación y vendimos la propiedad.

Yasutani Roshi continuó viniendo a dar un sesshin anual, en combinación con sus visitas a Los Ángeles y Nueva York. Mantuvimos nuestro Zazenkai sin un miembro japonés

---

* Satomi Myodo Ni, una anciana monja que fue la asistente de Yasutani Roshi.

a quien recurrir hasta junio de 1965, cuando Katsuki Sekida, un estudiante laico de Ryutakuji, vino a Koko An a sugerencia de Nakagawa Roshi.

El señor Sekida ha estado con nosotros desde entonces, aunque al escribir esto él está temporalmente en Londres con la rama de Ryutakuji de allí*.

Desde 1962 hasta 1969 trabajé para la Universidad de Hawai en puestos administrativos, casi siempre en el East West Center. Este trabajo me llevó a Asia en una ocasión, pero sólo estuve pocos días en Japón. Sin embargo adquirí una perspectiva más amplia del budismo con mis visitas a países budistas en el sur y sureste de Asia.

Debe de haber sido alrededor de 1966 o 1967 cuando comencé a darme cuenta de que podía ver el sentido de algunos koan. Recuerdo en particular el caso de «Yanguan (Enkan) y el abanico de rinoceronte».

Yanguan (Enkan): Dame el abanico de rinoceronte.
Asistente: Está roto.
Yanguan (Enkan): En ese caso, dame el rinoceronte.
*El asistente no pudo responder**.*

Me parecía que un niño inteligente de cinco años podía llevarle esa fea bestia a Yanguan (Enkan). En aquel momento, sin embargo, no apreciaba la respuesta inicial del asistente: «Está roto».

Los escritos, charlas y consejos personales de K. Sekida me ayudaron especialmente durante este periodo. Mi zazen se hizo más profundo al llegar a valorar más el aspecto del *samadhi* de la práctica del Zen.

---

*   K. Sekida se retiró a su casa en Japón, poco después.

**   Éste es parte del caso 91 del *Registro del Acantilado Azul* (Hekiganroku).

En 1967, Anne y yo empezamos a pensar en nuestro futuro para cuando nos retiráramos, y fuimos a ver varias fincas en la isla de Oahu. Una persona de nuestra Sangha se mudó a la isla de Maui y cuando la visitamos encontramos una parcela muy buena de unos dos acres en una parte retirada de la isla, con un chalet. La compramos y pronto supimos que el chalet tenía la tradición de alquilarse a gente joven que se había apartado de la sociedad convencional. Nosotros continuamos con esta práctica y en visitas periódicas llegamos a conocer a esos jóvenes, a apreciar sus valores y a sentir interés por sus problemas.

No estoy seguro de cuándo decidimos establecer un Centro Zen en nuestra finca de Maui. La decisión llegó gradualmente a lo largo del año siguiente. Creo que fue mientras se hacía evidente que el gran número de jóvenes marginados, que habían emigrado del continente de Estados Unidos a Maui, podrían formar un grupo suficientemente amplio de miembros potenciales y, aun más, que su interés sincero podría muy pronto girar hacia el Zen.

En junio de 1968 uno de nuestros miembros en Koko An se graduó por la Universidad de Hawai y se ofreció para quedarse en la casa de Maui, repararla y establecer un programa de zazen. Estuvimos de acuerdo con este plan. Para el siguiente año, el ambiente de la casa de Maui tenía ya un sabor Zen. Vino a ser conocida entre la gente joven como el «Zendo Haiku» (Haiku, en este caso, es el nombre hawaiano para el distrito). No me interesaba ese nombre, en parte porque ya había un «Haiku Zendo» en Los Altos, California, así llamado porque tenía lugar para diecisiete personas[*]. Cuando nos mudamos a Maui cambiamos el nombre a «Maui Zendo», nombre que todavía conserva.

El 1 de julio de 1969 pude, por fin, retirarme de la Uni-

---

[*]   El poema Haiku clásico japonés contiene 17 sílabas.

versidad de Hawai y mudarme a Maui. Brian Baron, uno de nuestros miembros de los viejos tiempos en Koko An, se trasladó conmigo como encargado del trabajo, y otras dos personas de Koko An vivieron con nosotros temporalmente. Anne y K. Sekida se unieron a nosotros desde Koko An en septiembre. El programa fijado entonces se ha modificado ligeramente a lo largo de dos años y medio, hasta quedar como sigue*:

05:00 AM	Levantarse y lavarse
05:10	Zazen
05:50	Tiempo de estudio
06:30	Desayuno
07:00	Reunión de trabajo, limpieza, tiempo de trabajo
09:30	Descanso
10:50	Fin del tiempo de trabajo
11:10	Zazen
11:50	Fin de zazen
Mediodía	Almuerzo, breve descanso
13:00 PM	Tiempo de trabajo
15:00	Fin del tiempo de trabajo, refresco, descanso
16:30	Zazen
17:10	Fin de zazen
17:20	Merienda, descanso en silencio
19:10	Zazen (charlas: dos por semana)
21:00	Apagar las luces

Mientras tanto, de regreso a Koko An alquilamos la casa a tres personas que estuvieron de acuerdo en mantenerla abierta para tener reuniones dos veces por semana.

Pasado un año, los miembros de Koko An fueron capaces de convertirse en arrendatarios, y las personas que lo

---

* El Zendo Maui tiene su propia construcción y terreno ahora, una milla más allá del viejo sitio, donde Anne y yo continuamos viviendo. El programa ha cambiado en muchas formas.

habían alquilado en un principio se marcharon. Así Koko An también es un centro Zen residencial con miembros que mantienen un programa diario de zazen, mientras salen durante el día a trabajar o estudiar*.

Mi salud, nunca muy fuerte, se resintió después de la mudanza a Maui. Me resultó muy difícil establecer un programa monástico regular con gente que sabía muy poco de eso y que estaba acostumbrada a una forma de vida más hedonista. Vi con claridad y dolor mi falta de fortaleza en cuestiones de liderazgo. Puede que trabajara también demasiado en reparar y ampliar la casa. El caso es que caí bastante enfermo, a intervalos, por espacio de unos dieciocho meses. A pesar de ello, el Zendo Maui mantuvo ardiendo su luz del Dharma con la ayuda de Anne, de K. Sekida y del señor Baron.

El señor Sekida me alentó mucho; él opinaba que yo había tenido kensho y se lo dijo a Yasutani Roshi en la última visita del Roshi a Hawai, en octubre de 1969, durante nuestro primer sesshin en el Zendo Maui. El Roshi estuvo de acuerdo en trabajar koan conmigo, pero yo tenía muy poca confianza, e hice sólo dos koan misceláneos durante ese sesshin. No tenía claro cómo manejar el dokusan en esta nueva dimensión, especialmente qué se entendía por «demostrar» mi opinión.

Nakagawa Roshi vino para un breve sesshin en octubre de 1970, pero fue un tiempo especialmente difícil y no recuerdo haber tenido un dokusan en serio con él. Estaba programado que él vendría dos veces para sesshin en octubre de 1971, pero su propia enfermedad demoró el viaje y no fue posible en absoluto que viniera a Hawai. Sin embargo asistí a un sesshin que él dirigió con Tai San, en California en agosto de 1971. En ese sesshin, Nakagawa Roshi me hizo varias pre-

---

* El programa en el Zendo Koko An nunca ha variado. Ahora posee más miembros que el Zendo Maui. Yo lo visito mensualmente para zazenkai o sesshin.

guntas de chequeo y confirmó la opinión de Sekida Sensei y Yasutani Roshi en relación a mi kensho. Trabajamos también un par de koan del *Wumenguan (Mumonkan)* y comencé a comprender cómo proceder en el dokusan más allá de Mu.

Al término del sesshin, Nakagawa Roshi y yo acordamos que debía invitar a Yamada Koun Roshi, sucesor Dharma de Yasutani Roshi, a venir a Hawai de un modo regular. Anne y yo habíamos conocido a Yamada Roshi en el Zazenkai de Kamakura diez años antes, de modo que estábamos muy contentos con este nuevo plan.

Ahora, al escribir esto, hemos completado dos sesshin con Yamada Roshi en octubre de 1971, uno en Koko An y uno en Maui. Un miembro del grupo de Maui logró kensho y otros en ambos grupos hicieron excelentes progresos.

Me siento realmente confirmado en mi propio kensho, y estoy prosiguiendo mi estudio de los koan lo más intensamente posible.

Reconocemos a Yamada Roshi como nuestro verdadero maestro, que se interesa personalmente por cada estudiante; llama a cada uno por su nombre, alienta la confianza en cada uno, pero reconoce una experiencia de iluminación únicamente cuando el discípulo es capaz de presentar pruebas más allá de toda duda. Sus teishos son una revelación para todos. No podemos casi creer en nuestra buena fortuna de que nos haya aceptado como discípulos y que vendrá a darnos sesshin de ahora en delante de forma regular*.

Cuando miro atrás a mi práctica del Zen de medio pelo, me doy cuenta de que los maestros, amigos y familia me han exigido la fuerza y dirección que yo creía no tener al seguir este camino. Primero estuvieron Blyth Sensei y Senzaki Sensei, luego Nakagawa Roshi, Yasutani Roshi y Sekida Sensei y

---

* Ahora a los setenta y cinco años, Yamada Roshi continúa visitando periódicamente la *Diamond Sangha* para ver a los estudiantes y dar teishos.

ahora, al fin, Yamada Roshi, quien me ha inspirado una vida totalmente nueva.

Los miembros de Koko An, y últimamente los miembros del Zendo de Maui con los que Anne y yo vivimos como hermanos mayores, han esperado de nosotros una forma de liderazgo que por fin hemos comenzado a establecer. La respuesta de nuestros diez miembros residentes aquí en Maui se ha vuelto cálida y responsable a lo largo de los meses y los años y hoy en día el Zendo Maui es totalmente autónomo; cada uno se turna para las múltiples tareas de la casa, el jardín y el zendo. Somos una verdadera familia Zen, y disfrutamos unos con otros mientras realizamos nuestra tarea vital juntos: alcanzar la experiencia de la naturaleza esencial.

A lo largo de estos doce años, desde que en 1959 se estableció la *Diamond Sangha*, Anne me ha proporcionado siempre ayuda y consuelo y nada hubiera sido posible sin su aliento. Ella soportó la tensión de la responsabilidad durante mi enfermedad y nunca —ni en los tiempos más difíciles— dijo que todos esos esfuerzos a lo mejor no valían la pena.

Creo que mi propia mala salud se ha alejado por un tiempo. Quizás ha sido, en parte, una especie de enfermedad Zen, la supuración de algún potencial que tenía que realizarse. Con la confianza de Yamada Roshi en mi capacidad de progresar en el Zen siento una confianza y una felicidad que nunca supuse que podría lograr. Le estoy profundamente agradecido, y sólo busco estar a la altura de esta confianza.

Zendo Maui, Día de Acción de Gracias, 1971

Epílogo

Ahora han pasado ya once años, y releo estas memorias con sentimientos mezclados. No las hubiera escrito así ahora (ciertamente no usaría tanto esa palabra *kensho*), pero fue relevante entonces, y estoy convencido de que será útil a los nuevos estudiantes ahora.

Al mirar atrás, entiendo mi «noche oscura», desde 1961 a 1971 mucho mejor que hace una década. Mi experiencia con Nakagawa Roshi, en el primer sesshin de 1961, no fue lo suficientemente profunda como para que me proporcionara conocimientos relevantes, e hicieron falta varios años más de zazen hasta que estuve preparado para comenzar de verdad con la práctica del Zen. Este tipo de cronología del desarrollo interior no es corriente, pero a veces me encuentro con personas con historias parecidas.

En los años que siguieron después de terminar este relato, hice rápidos progresos en el estudio de los koan. Yamada Roshi guió con frecuencia sesshin en Hawai, y Anne y yo viajamos al Sanun Zendo donde pasamos periodos bastante largos entre los años 1972 y 1975. El Roshi nos dedicó mucho tiempo, y por lo menos una vez al día me recibió para dokusan y, por supuesto, más veces durante sesshin. Anne también hizo buenos progresos en su propia práctica durante este periodo.

En diciembre de 1974, Yamada Roshi me consideró preparado para enseñar independientemente. Ésta ha sido mi única ocupación desde entonces, en el Zendo Maui y el Zendo Koko An con viajes periódicos al Zendo Sydney, el Zendo *Ring of Bone*, y a Tacoma, Washington, donde doy algunas veces sesshin para amigos católicos. Tal y como lo escribí hace once años, me siento profundamente agradecido a Yamada Roshi y mi objetivo simplemente es ser merecedor de su confianza.

Tabla de equivalencias chino-japonesas

Nombres y Títulos de Libros

Chino (Wade-Giles)	Chino (Pinyin)	Japonés
Chao-chou Ts'ung-shen	Zhaozhou Congshen	Joshu Jushin
Cheng Tao Ko	*Zhengdaoge*	*Shodoka*
Chu-chih	Juzhi	Gutei
Hua-yen	Huayan	Kegon
Kuan	Guan	Kan
K'uo	Kuo	Kaku
Ma-tsu Tao-i	Mazu Daoyi	Baso Doitsu
Nan-ch'uan P'u-yuan	Nanquan Puyuan	Nansen Fugan
Pai-chang Huai-hai	Baizhang Huaihai	Hyakujo Ekai
Po Chu-i	Bo Jui	(Hakurakuten)
Shui-hsiang	Shuixiang	Zuizo
Tao Te Ching	*Daodejing*	*Dotokukyo*
Ta Hsiung	Daxiong	Daiyu
Tao	Dao	To, Do (Michi)
Te-shan Hsuan-chien	Deshan Xuanjian	Tokusan Senkan
Ts'ai Ken T'an	*Caigentan*	*Saikontan*
Wu-men Hui-k'ai	Wumen Huikai	Mumon Ekai
Wu-Men-Kuan	*Wumenguan*	*Mumonkan*
Yueh-shan Wei-yen	Yueshan Weiyan	Yakusan Igen
Yun-men Wen-yen	Yunmen Wenyan	Unmon Bun'en

Notas

1. Philip Kapleau, ed., *The Three Pillars of Zen: Teaching, Practice, Enlightenment*. (Boston: Beacon Press, 1967), pp. 26-62.

2. Mensaje de la Noche, Sutras Zen de todos los Días, *Diamond Sangha*, Honolulu and Haiku, Hawai.

3. Ver Yaichiro Isobe, trad., *Musings of a Chinese Vegetarian* (Tokio: Yuhodo, 1926), p. 26. Esta obra está descatalogada. Ver también Norman Waddell, trad., «A Selection from the Ts'ai Ken T'an». *The Eastern Buddist*, New Series 2, no. 2 (1969): pp.88-98.

4. Ver Kapleau, *The Three Pillars of Zen*, p. 28.

5. Koun Yamada y Robert Aitken, trad., «Hekigan-roku», *Diamond Sangha*, Honolulu and Haiku, Hawai. Ver Thomas y J. C. Cleary, trad., *The Blue Cliff Record*, 3 vols. (Boulder: Shambhala, 1977), 2: 345.

6. Koun Yamada y Robert Aitken, trad., «Mumonkan», *Diamond Sangha*, Honolulu and Haiku, Hawai. Ver Koun Yamada, trad., *Gateless Gate* (Los Ángeles: Center Publications, 1979), p. 13.

7. Robert Aitken, *A Zen Wave: Basho's Haiku and Zen* (Nueva York: Weatherhill, 1978), p. 58.

8. Ver Hee-Jin Kim, *Dogen Kigen: Mystical Realist* (Tucson: University of Arizona Press, 1975), pp. 78-80.

9. Haruka Nagai, *Mako-Ho: Five Minutes Physical Fitness* (New York: Japan Publications, 1972). Esta obra está descatalogada.

10. Yamada, *Gateless Gate*, pp. 25, 39.

11. Ver Francis Dojun Cook, *Hua-Yen Buddhism: The Jewel*

Net of Indra (University Park: University of Pennsylvania Press, 1977).

12. Ver Hakuyu Taizan Maezumi, trad., *The Way of Everyday Life: Zen Master Dogen's Genjokoan with Commentary* (Los Ángeles: Center Publications, 1978).

13. Yamada y Aitken, «Mumonkan». Ver Yamada, *Gateless Gate*, p. 86.

14. [Nyogen Senzaki], *Buddha and His Disciples: A Guide to Buddhism* (Tokyo: Sanyusha, 1932), p. vii. Esta obra está descatalogada.

15. Yamada y Aitken, «Mumonkan». Ver Yamada, *Gateless Gate*, p. 80.

16. Ver A. F. Price, trad., *The Diamond Sutra*, Book One of *The Diamond Sutra and the Sutra of Hui Neng* (Boulder: Shambhala, 1969), p. 74; también D. T. Suzuki, trad., «The Kongyokyo or Diamond Sutra», *Manual of Zen Buddhism* (Nueva York: Grove Press, 1960), p. 50.

17. Prajna Paramita Heart Sutra, Sutras Zen de todos los Días. Ver también Suzuki, «English Translation of the Shingyo», *Manual of Zen Buddhism*, p. 26.

18. [Flora Courtois], *An American Woman's Experience of Enlightenment* (Los Angeles: Center Publications, 1971), pp. 22-23. Esta obra está descatalogada.

19. Eugene T. Gendlin, *Focusing* (Nueva York: Everest House, 1978).

20. Veneración de la hora de la Comida, Sutras Zen de todos los Días.

21. A veces, para enfatizar la importancia de la práctica paso a paso, un maestro Zen habla de la «semilla de budeidad», pero esto esconde la complementariedad implícita en las palabras de Buda: «Todos los seres son el Tathagata y su tarea es hacer realidad lo que ha sido siempre verdad». Alcanzar la budeidad es una idea estúpida. El agua no puede hacerse más húmeda. Ver Zenkei Shibayama, *A Flower Does Not Talk* (Rutland, Vt.: Tuttle, 1970), pp. 89-90.

22. «Canto en alabanza del zazen», de Hakuin Zenji. Sutras Zen de todos los Días. Ver Suzuki, «Hakuin's Song of Meditation», *Manual of Zen Buddhism*, p. 152.

23. Ver Yamada, *Gateless Gate*, p. 8.

24. Yamada y Aitken, «Hekiganroku». Ver Cleary, *The Blue Cliff Record*, 1: 172.

25. Los Cuatro Votos, Sutras Zen de todos los Días. Ver Suzuki, «The Four Great Vows», *Manual of Zen Buddhism*, p. 14.

26. «Canto en alabanza del zazen», de Hakuin Zenji. Sutras Zen de todos los Días.

27. Shibayama, *A Flower Does Not Talk*, pp. 85-86.

28. Yamada, *Gateless Gate*, p. 100.

29. Ver Arthur Waley, trad., *The Way and Its Power* (London: George Allen & Unwin, 1949), p. 141. Cotejar mi traducción con el texto chino en Paul Carus, *The Canon of Reason and Virtue* (Chicago: Open Court, 1945), p. 27.

30. Eido Shimano y Robert Aitken, trad., Shodoka, Sutras Zen de todos los Días. Ver Suzuki, trad., «Yoka Daishi's 'Song of Enlightenment'», *Manual of Zen Buddhism*, p. 101; también, Nyogen Senzaki y Ruth Strout McCandless, trad., «Sho-do-ka by Yoka-daishi», *Buddhism and Zen* (Nueva York: Philosophical Library, 1953), p. 69. Esta última obra está descatalogada.

31. Purificación, Sutras Zen de todos los Días. Ver Suzuki, «Confession», *Manual of Zen Buddhism*, p. 13.

32. Prajna Paramita Heart Sutra, Sutras Zen de todos los Días; ver Suzuki, *Manual of Zen Buddishm*, p. 26.

33. Mou-lam Wong, trad., *The Sutra of Hui Neng*, Libro Dos de *The Diamond Sutra and the Sutra of Hui Neng*, p. 51. Cf. Philip B. Yampolsky, *The Platform Sutra of the Sixth Patriarch* (Nueva York: Columbia, 1967), p. 143 y nota.

34. Ti Sarana, Sutras Zen de todos los Días. Ver Richard A. Gard, *Buddhism* (Nueva York: Braziller, 1962), pp. 52-57.

35. Yasutani Hakuun, «Inner Zen Teachings on the Three Treasures of Buddhism», Kenneth L. Kraft, trad. Manuscrito

no publicado.

36. Enmei Jikku Kannon Gyo, Sutras Zen de todos los Días. Ver Suzuki, «The Yemmei Kwannon Ten-Clause Sutra», *Manual of Zen Buddhism*, p. 16.

37. Hakuyu Maezumi, «Jukai: Receiving the Precepts», *The Ten Directions*, 2, no. 2 (1981).

38. D. T. Suzuki, *Ensayos sobre budismo Zen* (Primera Serie) (Buenos Aires: Kier), Lámina 33.

39. Yampolsky, *The Platform Sutra of the Sixth Patriarch*, p. 148.

40. Ver Nyogen Senzaki y Ruth Strout McCandless, *The Iron Flute* (Rutland, Vt.: Tuttle, 1961), p. 58. Esta obra está descatalogada.

41. Yamada y Aitken, Mumonkan. Ver Yamada, *Gateless Gate*, pp. 13-14.

42. Ver Zenkei Shibayama, *Zen Comments on the Mumonkan* (Nueva York: Mentor, 1975), pp. 20-21.

43. «Mu» es la pronunciación moderna japonesa y cantonesa. El chino moderno estándar utiliza la pronunciación «Wu».

44. Shibayama, *A Flower Does Not Talk*, pp. 118-119.

45. Kapleau, *The Three Pillars of Zen*, pp. 58-60.

46. Ver Kapleau, *The Three Pillars of Zen*, pp. 54-57. Ver también Charles Luk, trad., *The Surangama Sutra* (Londres: Rider, 1966), pp. 97-100. Esta obra está descatalogada.

47. Maezumi, *The Way of Everyday Life*.

48. Koun Yamada y Robert Aitken, trad., «Shoyoroku», *Diamond Sangha*, Honolulu and Haiku, Hawaii. Caso 14. Ver también Thomas Cleary, *The Book of Serenity* (Weatherhill, de próxima publicación).

49. «Canto en alabanza del zazen», de Hakuin Zenji. Sutras Zen de todos los Días. Ver Suzuki, *Manual of Zen Buddhism*, p. 152.

Glosario

- *Agura*–(japonés) sentarse al estilo de sastre, con ambos pies bajo los muslos.
- *Aikido*–(japonés) la forma de armonizar el espíritu, una de las artes marciales japonesas.
- *Amida*–(japonés) Amitabha.
- *Amitabha*–(sánscrito) Buda de Infinita Luz y Vida. Figura central en las escuelas de la Tierra Pura.
- *Anuttara samyak sambodhi*–(sánscrito) iluminación perfecta, que todo lo penetra.
- *Árbol Bodhi*–ver *bodhi*; árbol bo (ficus religiosa): el árbol bajo el cual el Buda meditó.
- *Arhat*–(pali) valioso; digno de admiración; aquel que es libre de ambiciones; ideal del Budismo del Sur.
- *Bodhi*–(sánscrito) iluminación.
- *Bodhisattva*–(sánscrito) ser iluminado; ideal del Budismo del Norte; uno que se olvida de su ser al trabajar con otros.
- *Buda*–(sánscrito) el iluminado; Sakyamuni; una de varias figuras en el panteón budista; un ser.
- *Butsu*–(japonés) Buda.
- *Ch'an*–(*también Chan*, chino) Zen.
- *Ch'an-na*–(*también channa*, chino) dhyana.
- *Dharma*–(sánscrito) ley, religiosa, secular, o natural; la Ley del Karma, fenómeno, tao o camino, enseñanza; vacío puro.
- *Dhyana*–(sánscrito) concentración; el estado de medita-

ción; ver *samadhi*.

- *Dojo*–(japonés) sitio o lugar en que el Buda se iluminó bajo el árbol bodhi; el sitio propio de iluminación; el centro de entrenamiento.
- *Dokusan*–(japonés) ir solo; trabajar solo; sanzen, la entrevista personal entre el Roshi y el estudiante.
- *Gacchami*–(pali) ir a, comprometerse.
- *Gassho*–(japonés) juntar las palmas de la mano (en señal de reverencia o respeto).
- *Gatha*–(sánscrito) verso de alabanza o una reiteración sucinta de los principales puntos del Buda Dharma.
- *Gurú*–(sánscrito) venerable; un preceptor.
- *Hakama*–(japonés) la falda que usan los hombres encima del kimono.
- *Hinayana*–(sánscrito) pequeño vehículo, un término del Budismo del Norte para designar al Budismo del Sur de Sri Lanka, Birmania y el sureste de Asia.
- *Hoben*–(japonés) upaya.
- *Hotoke*–(japonés) Buda.
- *Jikijitsu*–(japonés) encargado de entrenamiento y cronometrador de periodos de zazen en el *zendo* Rinzai.
- *Jisha*–(japonés) encargado de arreglos logísticos en el *zendo* Rinzai.
- *Jodo Shinshu*–(japonés) Secta Verdadera de la Tierra Pura; una de las Escuelas de la Tierra Pura, que viene de Shinran Shonin, 1174-1268.
- *Kanzeon*–(japonés) Avalokitesvara, Guanyin, Kuan-yin, Kanon; el que percibe los sonidos del mundo; la encarnación de la compasión; un bodhisattva del Budismo del Norte.
- *Karate*–(japonés) mano vacía; una de las artes marciales japonesas.
- *Karma*–(sánscrito) acción; causa y efecto; el mundo de causa y efecto.

- *«¡Katsu!»*–(japonés) el grito de los maestros Zen.
- *Keisaku*–(japonés) Kyosaku.
- *Kendo*–(japonés) el camino de la espada; esgrima japonesa.
- *Kensho*–(japonés) ver la naturaleza, ver dentro de la naturaleza esencial; experiencia gnóstica en la práctica Zen.
- *Ki*–(japonés) regresar, poner los pies en la tierra, ascender a,; tener fuente en.
- *Ki*–(japonés) aliento; espíritu; fuerza espiritual.
- *Kie*–(japonés) saranam gacchami.
- *Kinhin*–(japonés) camino Sutra; la manera formal de caminar en grupo entre periodos de zazen.
- *Koan*–(japonés) relativo/absoluto; una expresión de armonía de la unidad del vacío con el mundo de detalles, un tema de zazen que se debe descifrar.
- *Ku*–(japonés) cielo, sunyata, vacío, el vacío.
- *Kyosaku*–(japonés) keisaku, instrumento admonitorio; el bastón plano y angosto que lleva el monitor durante el zazen.
- *Mahayana*–(sánscrito) Gran Vehículo; el Budismo del Norte de China, Corea y Japón (el Budismo Tibetano con frecuencia se incluye en esta clasificación).
- *Mantra*–(sánscrito) ensalmo; expresión de veneración.
- *Makyo*–(japonés) visión misteriosa; un sueño profundo que ocurre durante o asociado con el zazen.
- *Mu*–(japonés) no; no tiene; Caso Uno del *Wumenguan (Mumonkan)*, con frecuencia el primer koan del estudiante Zen.
- *Mudra*–(sánscrito) sello; posición de la mano.
- *Makkoho*–(japonés) El Método de Enfrentamiento Directo; un sistema de ejercicios de estiramiento.
- *Manjusri*–(sánscrito) Bella Virtud; la encarnación de la sabiduría; un bodhisattva del Budismo del Norte.
- *Namu Amida Butsu*–(japonés) Veneración a Amitabha

Buda; el Nembutsu; mantra de las escuelas de la Tierra Pura.

- *Myokonin*–(japonés) La Gente Delicadamente Pura; un movimiento gnóstico en la tradición de la Tierra Pura.
- *Nichiren*–(japonés) la secta Nichiren, que viene de Nichiren Shonin, 1222-1282.
- *Nichihonzan Myohoji*–(japonés) sub-secta de Nichiren, que viene de Fujii Nichidatsu, 1885-.
- *Nihonza*–(japonés) forma japonesa de sentarse; seiza.
- *Nirvana*– (sánscrito) extinción; extinción de la ambición; en el Budismo del Norte: la sabiduría presente en el mundo de los fenómenos.
- *Obaku*–(japonés) la secta Obaku, una reintroducción del Zen Rinzai en Japón después de que se mezcló con la devoción Amitabha.
- *Osho*–(japonés) Padre; el título del sacerdote. paramita–(sánscrito) perfección; Budeidad.
- *Paramita*-(sánscrito) perfección; Budeidad.
- *Prajna-paramita*–(sánscrito) perfección de sabiduría.
- *Rinzai*–(japonés) la secta Rinzai; que viene de Lin-chi I-hsuan (Linji Yixuan), c. 866.
- *Roshi*–(japonés) venerable maestro.
- *Samadhi*–(sánscrito) concentración; la cualidad de la meditación; ver *dhyana*.
- *Sanbo Kyodan*–(japonés) Orden de los Tres Tesoros; la secta Zen que viene de Yasutani Hakuun, 1885-1973.
- *Sangha* (Samgha)–(sánscrito) agregado; sacerdocio budista; hermandad budista; hermandad; armonía de Buda y Dharma.
- *Sarana*–(pali) refugio; hogar; libre de condicionamiento.
- *Saranam gacchami*–(pali) emprender para encontrar permanencia en; encontrar liberación de todo condicionamiento.

- *Sarvodaya Shramadana*–(cingalés) El Despertar de Todos a través de Compartir la Energía Personal; un movimiento de desarrollo comunitario en Sri Lanka basado en el Budismo.
- *Seiza*–(japonés) sentarse tranquilo; sentarse al estilo japonés; una postura alternativa para hacer zazen.
- *Seiza Shiki*–(japonés) El Sistema de Seiza; cultura física y mental a través de la práctica de seiza.
- *Semmon Dojo*–(japonés) Lugar Especial de Entrenamiento; un templo Zen Rinzai donde se entrenan monjes o monjas.
- *Sensei*–(japonés) maestro.
- *Sesshin*–(japonés) tocar, recibir, o conducir la mente; el retiro Zen, usualmente de siete días.
- *Sesshin rohatsu*–(japonés) el sesshin de ocho días en la temporada de frío extremo; el sesshin que conmemora la iluminación de Shakyamuni Buda, el 8 de diciembre.
- *Shariputra*–(sánscrito) el discípulo al cual se dirige el Sutra del Corazón.
- *Shoken*–(japonés) primera visión; la primera entrevista entre el Roshi y el estudiante.
- *Skandhas*–(sánscrito) los elementos que componen al ser; las cosas que se perciben y los niveles de percepción.
- *Soto*–(japonés) la Secta Soto; proveniente de Tung-shan Liang-chieh (Dongshan Liangjie), 840-901.
- *Sutra*–(sánscrito) obras clásicas; sermones atribuidos al Buda; escrituras budistas.
- *Takuhatsu*–(japonés) mostrar el cuenco; la caminata de monjes o monjas por los pueblos cercanos a los templos aceptando ofrendas de dinero o de arroz.
- *Tatami*–(japonés) la estera de 3 x 6 pies que se emplea como asiento en templos y hogares tradicionales en Japón.
- *Tathagata*–(sánscrito) aquel que así viene; un Buda.

- Teisho–(japonés) presentar el grito; la charla Dharma del Roshi.
- *Theravada*–(pali) El Camino de los Mayores; el Budismo moderno del Asia del Sur y Sureste.
- *Ti Sarana Gamana*–(pali) Tomar los Tres Refugios; la ceremonia de hacer nuestro hogar en el Buda, el Dharma y la Sangha.
- *Upaya*–(sánscrito) medios apropiados; una acción compasiva y sabia.
- *Yajñadatta*–(sánscrito) Enyadatta; una loca de la mitología.
- *Zafu*–(japonés) un cojín para sentarse; el cojín para hacer zazen.
- *Zazen*–(japonés) meditación sentado; dyana; meditación Zen.
- *Zazenkai*–(japonés) reunión de zazen; un grupo de legos Zen.
- *Zen*–(japonés) dhyana; la Secta Zen; la armonía entre el ser vacío y el mundo.
- *Zendo*–(japonés) sala de meditación.

Nota sobre el autor

La introducción de Robert Aitken al Zen ocurrió en una prisión japonesa durante la Segunda Guerra Mundial, cuando fue capturado como civil en Guam. R. H. Blyth, autor de *Zen in English Literature*, estaba prisionero en el mismo sitio y en este extraño lugar recibió sus primeras enseñanzas. Después de la guerra Aitken Roshi volvió con frecuencia a estudiar a Japón. Hizo amistad con D. T. Suzuki y estudió con Nakagawa Sogen Roshi y Yasutani Hakuun Roshi.

En 1959 Robert Aitken y su mujer Anne fundaron una organización Zen, la *Diamond Sangha*, que tiene dos zendos en Hawai. En 1974 Aitken recibió el título de Roshi y la autorización para enseñar de Yamada Koun Roshi, su entonces maestro. Sigue estudiando y enseñando Zen en Hawai, donde ha vivido desde los 5 años.

© Francis Haar

Libros de Robert Aitken publicados en español

Un maestro Zen llamada Cuervo, editorial Siruela
El dragón que nunca duerme, Viento del Sur Ediciones, Argentina
La mente de Trébol, editorial Kolima (en preparación)

Contacto en España

Carmen Monske, maestra Zen
www.baika-an.org

Fotos de las residencias de Robert Aitken

Koko An. Exterior

Koko An. Altar

Palolo. Casa de Robert Aitken, situada al lado del Zendo

Palolo. Vista exterior del Zendo

Robert Aitken construyó su casa en Bis Island, cerca de la de su hijo Tom, encima de la lava del volcán Kilauea.